中国物流专家专著系列·2024

"物流强国"建设思路与路径选择

朱占峰　朱　耿　朱一青　著

中国财富出版社有限公司

图书在版编目（CIP）数据

"物流强国"建设思路与路径选择／朱占峰，朱耿，朱一青著. —北京：中国财富出版社有限公司，2024.6

（中国物流专家专著系列）

ISBN 978－7－5047－7824－6

Ⅰ.①物…　Ⅱ.①朱…②朱…③朱…　Ⅲ.①物流—产业发展—研究—中国　Ⅳ.①F259.22

中国版本图书馆 CIP 数据核字（2022）第 255626 号

策划编辑	郑欣怡	**责任编辑**	刘 斐 陈 嘉	**版权编辑**	李 洋
责任印制	尚立业	**责任校对**	杨小静	**责任发行**	敬 东

出版发行	中国财富出版社有限公司			
社　　址	北京市丰台区南四环西路 188 号 5 区 20 楼		**邮政编码**	100070
电　　话	010－52227588 转 2098（发行部）		010－52227588 转 321（总编室）	
	010－52227566（24 小时读者服务）		010－52227588 转 305（质检部）	
网　　址	http：//www.cfpress.com.cn		**排　版**	宝蕾元
经　　销	新华书店		**印　刷**	宝蕾元仁浩（天津）印刷有限公司
书　　号	ISBN 978－7－5047－7824－6/F·3598			
开　　本	710mm×1000mm 1/16		**版　次**	2024 年 6 月第 1 版
印　　张	12		**印　次**	2024 年 6 月第 1 次印刷
字　　数	196 千字		**定　价**	66.00 元

序

重振"物流强国"雄风，是中华民族几代人的梦想，更是当代物流人的历史使命。汉代开辟的横跨亚欧大陆的丝绸之路，明代郑和远洋船队的七下西洋，曾经的"物流强国"载入史册。如今，实现中华民族伟大复兴的"中国梦"，同样离不开"物流强国"的有力支撑。

伴随着改革开放进程，"现代物流"概念引入我国。经过四十多年的发展，全国物流市场基本形成，市场主体蓬勃发展，基础设施建设突飞猛进，规划和政策环境日臻完善，现代物流服务体系迭代更新。加速发展的物流业，为我国成长为世界第二大经济体和第一大贸易国提供有力支撑，对于全面建成小康社会，满足人民群众对美好生活的向往，推动产业升级、促进流通业变革、助力脱贫攻坚，发挥了无可替代的作用。

目前，我国铁路、公路、港口、邮政、快递等，无论设施设备规模还是业务总量均居世界第一，越来越多的物流发展指标排名世界前列。但从整体来看，发展不平衡、不充分、不协调的矛盾依然突出，"大而不强"的问题无法回避。物流业的发展现状与社会主义现代化强国的建设目标还有许多方面不相适应。越来越多的有识之士认识到，我国的国家物流竞争力还不强，打造世界"物流强国"不仅任重道远，而且迫在眉睫。

有鉴于此，中国物流学会、中国物流与采购联合会将《"物流强国"建设思路与路径选择研究》列入 2021 年度重大研究课题（2021CSLKT1-001）。经公开招选，现场答辩，择优确定由宁波工程学院朱占峰教授团队承担此重任。本书就是该团队研究成果的结晶，也是该课题研究项目的结题报告。

朱占峰老师现为二级教授、博士生导师，享受国务院政府特殊津贴，现任宁波临空经济研究院院长，南昌职业大学常务副校长；兼任中国物流学会副会长、教育部学校规划建设发展中心专家，以及兼任浙江省、宁波市物流相关行业组织的职务。朱老师长期致力于物流与供应链管理、区域规划等领域教学研究工作，具有较深的理论功底和丰富的实践经验，先后主持完成了数十项国家、省、市级科研项目及横向课题，公开发表了上百篇学术论文，出版了20多部专著和教材，并屡次荣获省部级奖项。我与朱老师相识多年，有幸对本书先睹为快。他要我代为序，权当本人读后感，以一孔之见与作者和读者汇报交流。

本书研究主题鲜明、脉络清晰、方法综合，研究成果具有较强的实用性、创新性和前瞻性。作者从我国物流业发展实际出发，以全球化视角、供应链思维，深刻剖析了新时代"物流强国"是什么、为什么建、怎么建等一系列问题。其研究框架设计为九个章节，一是形成了一个包含建设思路和实施路径选择的总体架构；二是提出了"物流强国"建设的指导思想、基本原则和建设目标，探寻了相关的重点载体、重点维度和重大工程等关键问题；三是围绕确立的重点领域和建设目标，突出了"多业融合""多式联运""跨界融合"等重大实施路径。总体来看，本书研究思路清晰、结构严谨、方法得当、内容丰富，为我国"物流强国"研究做了开创性的工作。作为"物流强国"研究领域最新研究成果，本书可为国家及地方物流产业规划、建设、运营、管理、研究、教学等相关部门参阅借鉴。

"物流强国"建设是一项系统工程，对其建设思路与路径选择的研究不可能一蹴而就。感谢朱占峰教授和他的团队贡献了"一家之言"，希望他们继续跟踪研究，不断推出新的成果；更期待本书能引起更多同行关注，丰富"物流强国"研究的理论宝库。我们有理由相信，"物流强国"建设的理论之花，经过全体物流同人的辛勤浇灌，一定会结出丰硕的实践之果，中国物流一定会在全世界重振雄风，中华民族伟大复兴的"中国梦"一定会实现。

二〇二三年三月

作者：中国物流与采购联合会副会长、中国物流学会秘书长、"十四五"国家发展规划专家委员会成员

目　录

1 物流强国建设概述

1.1 研究背景和研究意义

1.1.1 研究背景

（1）诡谲的国际格局。

随着数字化技术的快速演进和应用推广，世界经济体之间的关系变得更加扑朔迷离，数十年基于全球化构筑的供应链体系在狭隘价值链和利益链冲击下面临被肢解的危险。如华为供应链断裂、中芯国际受到打压，等等，再次扭曲了亚当·斯密的市场理论，打乱了正常的物流供应链运作体系。

2020—2022年新冠疫情的蔓延，重现了疫情、灾害等极端现象对人类社会周而复始的侵袭。冷链物流运输对病毒的传递，重疫地区生产线的一度停转，防疫物资的紧急采供，国际航班的断航或熔断，国际物流系统不时遭遇瘫痪而导致空运物流运价十倍的增长，全球物流供应链体系面临整合和重构。

面对世界格局的客观发展，西方少数极权势力痴想长期霸占世界的鳌头，不时挑起世界的战端，制造区域乱源，这无疑加大了军事物流的压力，同时增强了军事物流的地位。

沿海的台风、内陆的暴雨、多发的地震、滚滚的洪水……世界自然灾害发生的频次丝毫没有因为技术的进步而减少。温室效应、城市热岛助长了自然界极端天气的产生，不断对应急物流体系提出新诉求。宁可十防九空，不可失防万一。能否建立应急物品的科学库存和快速调拨机制，关系到物流系统的强弱。

（2）可期的国内市场。

通过比较可认识到我国国内经济总量上升较快。统计数据显示，2021年我国全年国内生产总值（GDP）为114.367万亿元，折合为17.74万亿美元，位居世界第二位。而世界第一经济体美国的GDP约为23万亿美元；第三位日本的GDP约为4.93万亿美元，2021年世界前十大经济体经济总量比较如图1-1所示。世界前三大经济体的数据比较显示，我国作为具有比较完善的工业体系的国家，已拥有巨大的市场容量，并在持续提升，这为物流业的运行提供了强大的市场支撑。

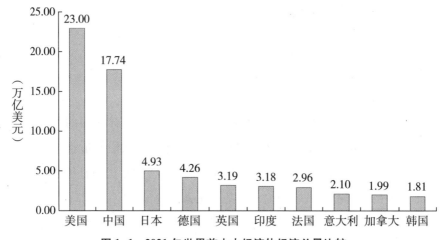

图1-1 2021年世界前十大经济体经济总量比较

数据来源：国际货币基金组织官网。

国内物流规模在2013年位居全球第一后，持续保持领先水平。统计数据显示，2020年，我国全年货物运输总量463亿吨，铁路、公路、港口、邮政、快递总量均位居世界第一。

在物流设施环境方面，总体规模位居世界第一。尤其是道路运输，2001—2020年，全国道路通车（营运）里程大幅提升。全国高铁从零开始，已经达到3.8万公里；发展最快的高速公路和物流末端配送的乡村公路发展成效最为显著，高速公路通车里程增长率达到729.90%，乡村公路通车里程增长率达到357.11%。20年间全国道路通车（营运）里程及增长率如表1-1所示，快速的道路基础设施建设是支撑物流强国建设的坚强基石。

表 1-1   2001—2020 年全国道路通车（营运）里程及增长率   单位：万公里

类别 时间	铁路		公路				
	普铁	高铁	高速	国道	省道	县道	乡村公路
2001 年	7.01	—	1.94	12.20	21.30	46.40	81.40
2020 年	14.60	3.80	16.10	37.07	38.27	66.14	372.09
增长率（%）	108.30	—	729.90	203.90	79.70	42.50	357.11

数据来源：交通运输部官网。

在水路运输领域，2020 年全国内河航道通航里程 12.77 万公里，等级航道里程 6.73 万公里，其中三级及以上航道里程 1.44 万公里。在码头泊位建设上，已投入使用生产性码头 22142 个，夯实了远洋、近海和内河运输的码头、岸线、堆场等平台设施的基础。

航空运输领域呈现快速发展态势，2020 年我国获颁证运营的民航机场已达 241 个，定期航班通航城市 237 个，临空指向性产业规模迅速壮大，物流业的快速反应逐步彰显，民航的快速便捷已成为现代物流强国建设的重要支撑。

总体来说，铁路、公路、海运、内河运输等基础设施环境均已达到国际领先水平，机场短板也在持续完善，虽然与美国相比尚存差距，但发展曲线正在呈现超越态势。

（3）持续的政策支撑。

进入 21 世纪 20 年代，面对国内和国际环境的新变化，中央提出了畅通"双循环"的新发展战略。"培育壮大具有国际竞争力的现代物流企业""建设现代综合运输体系"成为新发展战略的重要内涵。事实证明，强大的物流网络是"双循环"高标准、高质量、高时效运作的基础支撑。

为响应"物流强国"建设的时代呼声，众多城市顺势提出建设"物流强市"的战略设想，有些城市已经制定或将要制定"物流强市"建设规划。在此背景下，加大"物流强国"建设思路和路径选择的研究，对各地制定"物流强市"规划具有重要的指导作用。

2021 年新年伊始，中国物流与采购联合会会长何黎明发表了《构建现代物流体系 建设"物流强国"——2020 年我国物流业发展回顾与展望》

的重要致辞，阐述了物流业对国计民生的巨大贡献，剖析了中长期发展愿景，"如何建设物流强国"这一话题再次聚焦了物流界专家学者及企业家的目光。

2021年2月，中国物流与采购联合会副会长贺登才针对综合交通运输体系存在的"强在线路、弱在节点，强在客运、弱在货运，强在投资建设、弱在运输组织，强在国内、弱在国外，强在增量、弱在存量"的"五强五弱"问题，提出了完善综合交通运输体系、建设"物流强国"的八条政策建议。

梳理相关资料不难发现，自物流业的基础性、战略性地位被确立以来，国家对物流业的相关支持政策达20余项（见表1-2），这足以彰显国家对物流强国建设的支持力度。

表1-2　　　　2014—2021年国家对物流业的相关支持政策

序号	文件及文号	物流政策聚焦
1	国务院关于印发物流业发展中长期规划（2014—2020年）的通知（国发〔2014〕42号）	一是明晰了物流业的基础性、战略性地位；二是部署了着力降低物流成本，着力提升物流企业规模化、集约化水平，着力加强物流基础设施网络建设，规划了中长期发展路径；三是提出了总体政策保障框架
2	国务院办公厅关于促进内贸流通健康发展的若干意见（国办发〔2014〕51号）	一是规范促进电子商务，促进线上线下融合；二是加快发展物流配送，加强物流标准化、信息化、专业化、社会化、组织化建设；三是大力发展连锁经营
3	国务院关于大力发展电子商务加快培育经济新动力的意见（国发〔2015〕24号）	一是支持物流配送终端及智慧物流平台建设；二是规范物流配送车辆管理；三是合理布局物流仓储设施
4	国务院关于积极推进"互联网+"行动的指导意见（国发〔2015〕40号）	一是构建物流信息共享互通体系；二是建设深度感知智能仓储系统；三是完善智能物流配送调配体系

续 表

序号	文件及文号	物流政策聚焦
5	国务院关于推进国内贸易流通现代化建设法治化营商环境的意见（国发〔2015〕49号）	一是放开商贸物流等领域外资准入限制；二是加强大型物流节点和公共物流配送设施系统性布局、协同性建设；三是大力发展智慧物流；四是促进商贸物流与逆向物流体系共享
6	国务院关于促进快递业发展的若干意见（国发〔2015〕61号）	一是统筹安排快递专业类物流园区、快件集散中心等设施用地以及快递服务设施纳入公共服务设施规划；二是解决"最后一公里"通行难问题；三是谋划物流专业人才培养及物流队伍建设
7	国务院办公厅关于促进跨境电子商务健康快速发展的指导意见（国办发〔2015〕46号）	一是通过规范的"海外仓"，逐步实现物流生产集约化和监管科学化；二是鼓励外贸综合服务企业为跨境电子商务企业提供通关、物流、仓储、融资等全方位服务；三是支持企业建立全球物流供应链和境外物流服务体系
8	国务院办公厅关于推进线上线下互动加快商贸流通创新发展转型升级的意见（国办发〔2015〕72号）	一是鼓励互联网企业加强与物流配送相融合；二是推进物流标准化，促进多式联运发展；三是推广城市共同配送模式，支持物流综合信息服务平台建设；四是健全县、乡、村三级农村物流服务网络
9	国务院办公厅关于促进农村电子商务加快发展的指导意见（国办发〔2015〕78号）	一是加强农村物流服务网络和设施的共享衔接；二是鼓励传统农村商贸企业建设乡镇商贸中心和配送中心；三是重点支持老少边穷地区物流设施建设；四是加强农产品产地集配和冷链等设施建设
10	国务院办公厅关于深入实施"互联网+流通"行动计划的意见（国办发〔2016〕24号）	一是推动智慧物流配送体系建设，提高冷链设施的利用率；二是推动仓储配送与包装绿色化发展，提高商贸物流绿色化发展水平；三是推动"互联网+回收"模式创新，优化逆向物流网点布局；四是建设改造农村物流公共服务中心和村级网点，解决农产品进城"最初一公里"和工业品下乡"最后一公里"问题

续　表

序号	文件及文号	物流政策聚焦
11	国务院办公厅关于转发国家发展改革委物流业降本增效专项行动方案（2016—2018年）的通知（国办发〔2016〕69号）	一是适应物流企业经营特点，支持地方进一步放宽企业住所和经营场所登记条件；二是深化公路、铁路、民航等领域物流企业的合作与重组；三是完善物流领域的降税清费政策；四是完善物流运行的标准体系；五是加强物流业的诚信和安全网络建设
12	国务院办公厅关于推动实体零售创新转型的意见（国办发〔2016〕78号）	一是支持连锁企业自有物流设施、零售网点向社会开放成为配送节点；二是推动有条件的企业"走出去"，构建海外物流服务网络；三是完善城市配送车辆通行制度，为企业发展夜间配送、共同配送创造条件；四是创新发展供应链融资方式，探索通过应收账款、存货、仓单等动产质押融资模式改进和完善小微企业金融服务
13	国务院办公厅关于加快发展冷链物流保障食品安全促进消费升级的意见（国办发〔2017〕29号）	一是健全冷链物流标准和服务规范体系；二是构建覆盖全国主要产地和消费地的冷链物流基础设施网络；三是鼓励冷链物流企业经营创新；四是健全冷链物流监管体系
14	国务院办公厅关于进一步推进物流降本增效促进实体经济发展的意见（国办发〔2017〕73号）	一是激发物流运营主体活力；二是减轻企业负担；三是提升物流综合服务能力；四是推进物流仓储信息化标准化智能化；五是推进物流业与制造业的融合发展；六是加强物流数据的开放共享
15	国务院办公厅关于积极推进供应链创新与应用的指导意见（国办发〔2017〕84号）	一是加强农业供应链体系建设；二是推进制造业的全链条供应链体系；三是稳妥推进供应链金融；四是建立绿色物流体系；五是建立逆向物流体系；六是努力构建全球供应链
16	国务院办公厅关于推进电子商务与快递物流协同发展的意见（国办发〔2018〕1号）	一是完善电子商务快递物流基础设施；二是对快递服务车辆等城市配送车辆给予通行便利；三是鼓励末端智能配送和集约化服务，提升快递末端服务能力；四是推进物流供应链协同运行效率；五是发展绿色物流生态链

续 表

序号	文件及文号	物流政策聚焦
17	国家发展改革委 交通运输部关于印发《国家物流枢纽布局和建设规划》的通知（发改经贸〔2018〕1886号）	一是规划布局了陆港型、港口型、空港型、生产服务型、商贸服务型、陆上边境口岸型6种类型；二是整合优化物流枢纽资源，提高物流组织效率；三是构建国家物流枢纽网络体系，提升物流运行质量；四是发展物流新业态，培育物流新动能
18	国务院办公厅转发交通运输部等部门关于加快道路货运行业转型升级促进高质量发展意见的通知（国办发〔2019〕16号）	一是深化货运领域"放管服"改革；二是推动物流运输领域新旧动能接续转换；三是加快物流运输车辆装备升级改造；四是加强从业人员职业教育培训，切实维护货车司机权益；五是加强运行动态监测，提升货运市场治理能力
19	国务院办公厅转发国家发展改革委交通运输部关于进一步降低物流成本实施意见的通知（国办发〔2020〕10号）	一是深化关键环节改革，降低物流制度成本；二是加强土地和资金保障，降低物流要素成本；三是深入落实减税降费措施，降低物流税费成本；四是加强信息开放共享，降低物流信息成本；五是推动物流设施高效衔接，降低物流联运成本；六是推动物流业提质增效，降低物流综合成本
20	关于印发《推动物流业制造业深度融合创新发展实施方案》的通知（发改经贸〔2020〕1315号）	一是促进物流业制造业协同联动和跨界融合；二是培育形成一批物流业制造业融合发展标杆企业；三是初步建立制造业物流成本核算统计体系；四是搭建覆盖产学研用的咨询服务平台，为促进物流业制造业融合发展提供智力支持
21	商务部等9部门关于印发《商贸物流高质量发展专项行动计划（2021—2025年）》的通知（商流通函〔2021〕397号）	一是提升商贸物流网络化、协同化、标准化、数字化、智能化、绿色化和全球化水平；二是促进商贸物流的提质、降本、增效
22	国务院办公厅关于印发"十四五"冷链物流发展规划的通知（国办发〔2021〕46号）	一是补齐基础设施短板，畅通通道运行网络；二是提高冷链物流服务质量效率；三是提升冷链物流的监管水平
23	国务院办公厅关于加快农村寄递物流体系建设的意见（国办发〔2021〕29号）	一是补齐农村寄递物流基础设施短板，健全县、乡、村寄递服务体系；二是完善农产品上行发展机制；三是深化寄递领域"放管服"改革

1.1.2 研究意义

（1）理论意义。

基于数字技术的支撑和城乡一体化趋势的加速，现代物流业、制造业、农业以及其他服务业的融合发展得到持续改善，物流强国建设的诉求日益增大，物流强国建设的路径选择和运作机制亟待迅速明晰，其涉及的一系列客观规律有待进一步揭示。因此，本研究通过文献梳理、实地调研、对比分析、案例剖析、层次分析、系统动力学分析、成熟度分析等方法，剖析物流强国构成要素的逻辑结构和互动关系，探索物流强国建设的系统动力，遴选物流强国建设的重点维度和关键节点，推进物流强国建设相关节点环节的空间、成本、环境等绩效评价，为物流强国建设研究提供理论支撑。

（2）实践意义。

伴随改革开放进程，我国的物流产业从小到大、从弱到强，各种物流方式的基础设施建设不断加强，多式联运日臻和谐，生产物流日益高效，城乡配送更加便利，物流综合网络体系更加完善。但是城乡物流、东中西部的区域物流等物流发展不平衡、不充分、不协调问题依然存在，物流业整体发展水平和应对不确定因素的能力有待提高，数字物流、国际物流、应急物流、绿色物流等方面尚有短板，运行规模和质量方面表现为"大而不强"，多式联运、降本增效、融合发展等面临的问题依然突出。为此，本研究通过问题导向、目标导向，通过对新时代物流强国建设思路的谋划和建设路径的选择，形成较为系统的脉络蓝图和行动方案，为在新时代加速推进安全、便捷、高效、绿色、创新的现代化物流强国建设提供决策参考，具有颇强的实践意义。

1.2 国内外研究综述

1.2.1 物流强国的运输物流支撑

（1）物流强国建设需要建立航运物流系统。

物流强国建设首先需要强大的运输物流支撑。2018 年习近平总书记在视频连线洋山港四期自动化码头时指出，经济强国必然是海洋强国、航运强国。改革开放四十多年来，中国航运物流地位已稳居世界第一，这个过程离不开专家学者的建言。杨靳和龚晓祥（1997）从技术、贸易伙伴、政策、市场和改革五个方面阐述了实现"航运强国"之路。王宏雷和张宝勇（2012）论述了建设航运强国的客观必要性，并围绕建设标准提出了诸多设想。许立荣（2019）结合企业实际，论述了海运强国的作用地位和发展路径。Raimbault N（2019）认为航运物流能力的增强，需要与腹地联合发展多式联运网络。Nebot N 等（2017）提出发展与内陆港的联络、扩大腹地的多式联运网络，有利于优化沿海港口的空间利用能力。发展趋势显示，航运强国必须加速推进港口与内河港和内陆无水港之间的网络建设。

（2）物流强国建设需要优化布局陆港物流。

陆港物流是物流强国建设的又一重要组成，它包括公路物流、铁路物流等重要内容。张有民（1991）曾提出提高物流运输能力要充分发挥铁路运输"能力大""成本低""能耗省""伤亡少""效率高""污染小"等优势。Oum T. H. 和 Yu C.（1994）用比较法剖析了铁路设施建设对一国经济发展的影响问题。Sun Y. 和 Lang M.（2015）将碳排放因素纳入综合运输网络上的货流输送问题。康禄等（2021）提出公路运输物流的降本要充分考虑碳中和、碳达峰约束。王伟等（2021）经过模型测算得出政府的调控政策措施可以有效降低公路危化品运输的风险。李晓东等（2021）以东北地区实证数据证明了物流低碳绩效的获取必须推进公路运输、铁路运输和港口运输的有机配合。

（3）物流强国建设需要着力推进航空物流。

在物流强国建设进程中，航空物流的地位越来越重要。Bhadra D. 和 Hogan B.（2005）提出航空网络构建的重要性。杨聪（2021）认为物流强国建设应加快推进航空物流与区域经济发展的协同耦合效应。张会云和马欢欢（2020）进行了航空物流与经济耦合关系分析，认为航空物流将助推区域经济的转型发展。汪传雷等（2022）探讨了如何通过构建相关测评指标体系有效提升航空物流的发展质量。魏然等（2020）认为大力发展包括航空物流在内的多式联运工程，将有利于提升物流强国的建设质量。

1.2.2 物流强国的发展战略和路径

近几年，在由"物流大国"向"物流强国"迈进的过程中，许多专家学者从不同的视角对物流强国建设的内涵、发展的战略和建设的路径进行了阐述。李小鹏（2021）认为物流强国建设要"以提质、降本、增效为导向，促进交通物流融合发展""加快形成'全球123快货物流圈'"。何黎明（2018）（2019）提出物流强国的建设要重视推动效率、动力和质量三大领域的变革，加速从规模数量向效率提升转变，加速智慧物流建设，加速供应链的创新应用。魏际刚（2017）认为"物流强国"体现在是否智能绿色，其物流系统是否能畅通连接全球物流体系，是否有利于自身的现代化。

（1）物流强国发展战略研究逐步深化。

关于物流强国战略的研究，何黎明（2021）强调要"站在'两个一百年'奋斗目标的历史交汇点上，以构建现代物流体系，建设物流强国为目标""打通产业间、区域间、城乡间物流循环，带动枢纽经济成为新增长极""吸引全球资源要素集聚，加大国际物流补短板力度，将打通国内外物流循环，打造自主可控、安全高效的产业链供应链"，并从十个方面提出了建设重点。崔忠付（2020）提出要通过物流信用体系建设创造网络货运新价值。赵鹏军等（2020）利用人口与交通系统耦合协同机制进行研究，提出要遵循人口与交通系统耦合协同理论规律，实施以人为本、提供高品质交通运输及物流服务的强国战略，以支撑国家重大空间发展战略、交通强国战略和以人民为中心的高品质服务战略。

（2）物流强国建设路径研究渐趋清晰。

关于物流强国路径的研究，贺登才（2020）从调整经营策略、融入货主企业、加速动能转换、延伸服务领域、壮大星级车队、培育品质运力、创建知名品牌、推广共享模式、联通枢纽网络、共建生态集群十个方面进行了阐述，并强调要推进物流业与制造业的融合创新。汪鸣（2020）强调物流强国新路径的实施要有效释放产能、释放高质量的产能、形成新服务产能。冯耕中和孙炀炀（2020）认为物流强国的打造在于流通渠道创新和结构升级，这是"新发展格局"战略有效实施的关键。这有赖于完善需求创造、扩大数字投入、加速渠道下沉、深化模式变革，以及推进多极导向的深度共创、全链布局的深度协同以及产业链的深度重构。黄有方（2016）认为要加强航空货运海外网络控制能力，完善海外物流服务网络，建设综合性物流节点。要重视自由贸易区/港功能建设，建设以港口群为核心的国际物流供应链枢纽。刘建堂（2014）认为应以集装箱、商品车、冷链为重点抓手，加快信息化建设，推进企业转型。

1.2.3 研究述评

综上，尽管在"物流强国"发展和建设领域的研究已取得诸多成果，"物流强国"发展前瞻的总体目标也逐步清晰，但面对国际经贸形势的变化和"一带一路"倡议的拓展，在数字贸易、数字金融等电商平台，全球采购供应链平台等新时代营商环境支撑下，对实体物流的安全、高效、便捷的诉求更加强烈，需要在"物流强国"的建设内涵、建设理念、建设方略、建设重点、建设路径、建设保障等方面加大研究力度，形成支撑"物流强国"建设的理论体系。这些是本研究需要把握的重点和核心内容。

1.3 基本内涵和基本特征

1.3.1 基本内涵

建设物流强国，首先必须明晰在新时代应该"强"在哪儿？也就是要研究清楚物流强国是什么？物流强国建设建什么？

2015 年 7 月 10 日，新华网登载《人民政协报》的一篇文章《让"物流大国"变身为"物流强国"》，这是在官方媒体上首次系统讨论"物流强国"的建设问题。媒体引述了全国政协、国家发展改革委、商务部、中国物流与采购联合会以及知名物流企业等领导和专家的论述。第一，物流强国要解决"物流业低、小、散、乱"的问题；第二，应加强物流行业的网络化、组织化、集约化和规模化发展；第三，应通过跨行业、跨所有制的资源整合和企业重组，组建大型物流集团，从而进一步提升物流业标准化和信息化水平；第四，应促进航运、铁路、公路等整体货运效率的提高，形成多式联运的主体物流网络集群；第五，应降低税负、降低成本，解决农村物流问题。这些论述从管理和经营一线揭示了物流强国的最基础内涵。

2019 年 1 月 28 日，人民网登载时任国家发展改革委宏观经济研究院运输服务与物流研究室主任谢雨蓉的文章《迈好"物流强国"的坚实一步》①，针对物流强国建设进程中存在的诸如系统规划以及空间布局不完善、不系统，资源整合不充分、不深入，发展方式不精益、不持续等问题，建议对物流组织模式进行变革，依托枢纽打造现代供应链、快递物流、电子商务、冷链等专业化的物流服务网络，强化设施设备共享共用，践行绿色物流发展理念，提升物流枢纽社会化服务功能。这些阐述，无疑显示出国家对"物流强国"建设领域政策调控的走向。

2019 年 9 月，国家发布实施《交通强国建设纲要》，这是推进物流运输领域提质增效、高质量发展的一项重大战略纲领。该纲要对我国物流运输发展的基础网络、物流运输方式、交通物流装备，以及交通治理体系、国际竞争力和影响力给出了科学分析和理性评价。并对交通运输体系的高级形态进行了展望，指出其核心指标在于"基础设施规模质量、技术装备、科技创新能力、智能化与绿色化水平位居世界前列，交通安全水平、治理能力、文明程度、国际竞争力及影响力达到国际先进水平，全面服务和保障社会主义现代化强国建设，人民享有美好交通服务"。

综上分析，可以对"物流强国"的概念给出如下界定：物流强国是指拥有完善的物流设施和物流网络，在一流的物流枢纽、物流园区、物流企业等平台载体支撑下，深度地融合制造业、农业和其他服务业，形成物流成本低、物流响应快、物流效益好、物流质量高、物流科技强、物流环境优、物流应急畅、物流竞争力大的良好状态。

---

① 谢雨蓉. 迈好"物流强国"的坚实一步 [EB/OL]. (2019-01-28) [2022-12-20]. http://opinion.people.com.cn/n1/2019/0128/c1003-30592298.html.

1.3.2 基本特征

（1）物流设施的网络化。

物流强国必须具备一流的物流基础设施，包括网络化的公路、铁路、港口、码头、堆场、机场等。没有这些基础设施作支撑，物流效率就无从谈起，因此，这是物流强国最基本的特征。

（2）物流载体的现代化。

物流业作为战略性产业，其强大的战略影响力必须通过一流的物流载体去实现。国家、地方分层建设的物流枢纽，是有效发挥物流职能的重要平台；地方和企业规划建设的物流园区是物流产业集聚的空间保障；行业和企业建设的物流中心是物流企业联系终端客户的重要场所；其他包括电商平台、海关国检系统、物流金融和物流保险系统等载体，都需要呈现现代化水平，这样才能在国际舞台发挥出强大的竞争力和影响力，构筑物流强国的地位。

（3）物流运作的智能化。

物流业作为引领性产业，在数字技术、数字治理环境下，物流行业必须充分利用现代信息技术，走在时代发展前列。因为，物流、信息流和资金流本来就是有机统一的。从电商平台下单到长途运输和末端配送，时时处处需要物流信息的跟踪。商品溯源、逆向物流更需要智能化运作。因此，物流运作的智能化是物流强国建设的最鲜明的特征。

（4）物流资源的统筹化。

物流强国的发展必须是均衡和公平的。因此，国内物流和国际物流、城市物流和乡村物流、东部物流和中西部物流必须统筹发展。物流资源的分布、物流力量的投入存在明显的集聚性，政府应通过政策调控使其空间布局、资本投入、人才支撑等要素统筹协调，加速实现物流公平化。

（5）物流发展的融合化。

物流作为复合型产业，更需要发挥其优势，深化与制造业、商贸服务业、现代农业的融合发展。国家在制造业领域推进的供应链物流创新应用工程，建设的生产服务型物流枢纽项目，旨在强化物流与现代制造业的融合。国家对线上线下与"互联网+"行动的重视、对商贸服务型物流枢纽项目的支持，将有利于物流业与商贸服务业的融合发展。国家激励的农产品电商和农村电商示范工程，也是要深化物流与现代农业的融合。

（6）物流响应的即时化。

快速响应是对现代物流的一个基本要求，物流强国建设更需要建立快速反应机制。军事物流、应急物流能否快速响应是检验物流体系建设完备性的一个标尺。冷链物流、快递物流更是与老百姓的感受密切相关。在新冠疫情中，对医药物流环境要求更高。因此，物流体系能否实现即时化是物流强国建设成功与否的一个重要标志。

（7）物流法规的系统化。

由于物流紧密关联着城乡社会的生产生活，与普通民众息息相关，物流建设及发展更需要相关法律和法规的支撑。尤其是在国际物流供应链运作过程中，遇到的诸多问题在协商无果的前提下必须由法律解决。因此，物流法规体系的建设和完善是物流强国建设的一项重要工程。

（8）物流环境的生态化。

随着碳中和、碳达峰时间点的临近，物流建设和运营的生态化要求越来越高。不仅要求物流供应链节点间协调协同、多式联运实现无缝对接，更要求在硬件制造和设施设备应用时实现节能降耗。物流包装、物流配送等环节应实施绿色运营，营造出一流的生态文化，支撑物流强国建设。

（9）物流绩效的最大化。

物流的降本增效是物流业矢志不渝的最大追求，通过物流模式的创新和物流手段的革新，充分发挥现代物流技术的支撑作用，最大限度地降低物流运作成本，实现物流活动的经济效益、社会效益和生态效益的最大化。

1.4　研究方法和研究路径

1.4.1　研究方法

本研究将综合运用文献梳理、理论分析、社会调研、专家访谈、案例剖析、系统动力学研究、耦合协调度分析等一系列定性和定量分析方法，逐级推进相关问题的研究和探索。其代表性研究方法如下。

（1）文献研究法。

本研究通过国内外数据库，挖掘梳理了相关专家学者的一系列研究成果，深入解析了专家对物流强国建设领域研究的思路、视角和方法，述评了该领域研究的薄弱环节，展望了未来发展走势，相关资料为本研究聚集了基础素材和理论支撑。以此为启迪，开拓物流大国向物流强国高质量演进的研究创新，聚焦了成果的目标性和应用前沿性。

（2）历史分析法。

本研究通过深度剖析国内和国际重点区域在由物流规模扩张到物流实质增强的历史演进过程，对比分析了不同发展阶段物流强国建设的特点、路径和制度。同时研究了国际先发国家在相关领域的有益做法，为我国物流强国建设提供了科学启示和有益借鉴。

（3）案例分析法。

本研究在过程中既重视宽领域选材，又重视典型样本的聚焦，并开展深度剖析。如美国、欧盟和日本等发达经济体在物流强国建设过程中的典型案例，注重吸收经验和吸取教训的并行研究，尤其是对它们在不同发展时期相关物流法规政策的剖析，更有利于辨析政策对物流产业发展的科学引领和有效调控作用。

（4）耦合协调度分析法。

本研究通过遴选特色指标、构建相关模型，对物流强国建设过程中的现代物流业与先进制造业、现代物流业与特色农业之间的耦合协调性展开分析，重点研究了产业之间的经济拟合度和协调状态，有助于相关领域融合过程的产业布局引导，其研究结果有助于空间开发过程中重点产业的规划布局和产业转型。

（5）演绎和归纳相结合。

本研究既有对物流强国建设的重点维度、实施路径和发展对策等环节调研所得信息资料成果的归纳，还利用演绎的方法将相关理论原理延展到分析论证研究之中，同时做到了定量分析与定性分析的有机结合。

1.4.2 研究路径

本研究以物流强国建设为总体研究对象,通过经济学、管理学、地理学、信息学和生态学等学科的交叉融合应用,解析物流强国的建设过程中所要重点思考的"建设什么""谁来建设""怎样建设""能否建设"等核心问题,形成新时代"物流强国"建设思路和路径选择的优化方案。

本研究的总体框架分九大部分,分别研究新时代"物流强国"建设进程中"建设什么""现状如何""有何借鉴""动力如何""有何载体""何为重点""有何路径""如何评价""怎样保障"等重要问题。

(1)通过对物流强国建设基本概况的研究,述评前期成果,探索物流强国建设之基。建设物流强国必须明晰在新时代应该"强"在哪儿?也就是要研究清楚物流强国是什么?物流强国建设建什么?这是新时代物流强国高质量建设之魂。为此,需要深化相关研究文献梳理,着力进行物流强国本质特征凝练和建设内涵界定。搭建物流强国建设思路与路径选择的基本框架。

(2)通过对物流强国建设现状的研究,探寻发展进程,梳理物流强国演进路线。梳理物流产业从起步培育到全面发展进而走向实力强大的节点历程,剖析物流产业内涵本质和外延扩展,分析物流产业由大到强的要核支撑,明晰物流产业的发展演进、建设状态和发展趋势。

(3)通过对国际物流强国建设案例的研究,探讨物流强国先行之鉴。在现代化进程中,诸多发达国家走在了我们前列,现代物流的发展和建设也是如此。选择美国、欧盟和日本等发达经济体,推进建设案例分析,研究它们在物流强国建设进程中的成功做法和失败教训,凝练经验借鉴,升华演进启示。

(4)通过对物流强国建设动力的研究,探究物流强国动力之源。物流产业的基础性、战略性和先导性地位,决定了物流强国重大系统工程的建设需要政府力量的主导。在社会主义市场经济环境下,物流业务的运作必须依靠市场力量,利用市场机制调配资源。考虑到建营密切关联的规律,市场力量的主体地位必须捍卫。由于物流作为复合型产业,与经济社会的方方面面深度关联,处于政府和市场之间的社会力量也必须加以重视。

（5）通过对物流强国建设载体的研究，剖析载体要核，遴选物流强国承载之点。物流强国建设成效通过载体展现，这是主体施加建设力的支柱。在物流强国未来的建设中，仍要以物流企业、物流行业和物流产业三个层面作为建设的重要客体，这包含着物流系统研发、物流装备制造、物流平台运营、物流金融支撑和专业物流运作等各类实体。

（6）通过对物流强国建设重点维度的研究，论证建设走向，明晰物流强国方向之盘。经过改革开放以来的高速发展和重点建设，持续扩大了我国物流产业的经营规模。统计数据显示，2021 年全国社会物流总额已达到 335.2 万亿元。但要实现高质量发展，在提升物流功能的基础上，必须进一步遴选重点维度，完善物流枢纽、物流园区、运输线路等方面的物流设施，创新物流装备，优化采购全球供应链和城乡末端配送物流网络，构建国际一流的物流法规体系，以现代法治的理念统领物流强国建设，确保物流强国建设的客观规律性。

（7）通过对物流强国建设重大工程的研究，抓住切入路径，探究物流强国任务之链。根据物流强国建设的总体思路和重点维度，需要强力推进现代物流业与制造业、现代农业和其他服务业之间的融合发展，实施融合工程；为进一步降本增效，实施供应链管理思维，需要在多式联运工程领域作出更大努力；物流强国建设要塑造优秀的物流文化，实现各领域、各节点对物流强国建设的支持，就需要实施跨界工程。根据融合、联运和跨界这三大工程，设计、建设、实施一系列任务链。

（8）通过对物流强国建设绩效评价的研究，构建评价体系，调控物流强国绩效之巅。物流强国的建设和实施，需要事前、事中和事后全环节监管。运用科学的方式，遴选评价指标，构建评价体系，重点探索物流强国建设绩效的评价方法、评价指数和评价实证，以有效把握物流强国建设的实际效果。

（9）通过对物流强国建设实施保障的研究，制定对策措施，奏响物流强国合唱之弦。为保障物流强国建设重点任务的落地，必须完善物流产业振兴的投融资、税收、土地资源等方面的政策体系，落实政策保障；需要加大物流专业人才队伍培育，落实人才保障；需要加大物流装备的创新，落实技术保障；需要强化绿色物流的理念，完善环境保护的约束性体制机制，落实绿色保障。

本研究的技术路径如图1-2所示。

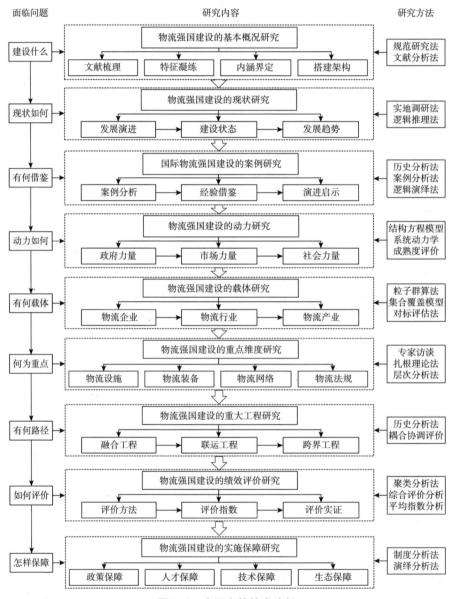

图1-2 本研究的技术路径

2 物流强国的建设现状

通过物流强国建设的基本现状研究和数据挖掘，剖析相应的发展演进、建设状态和发展趋势，梳理物流强国演进之路。

2.1 物流强国的发展演进

物流强国概念的提出有一个演进的过程。1978 年引进物流的概念，1982 年确立交通运输为改革开放后的战略重点，2009 年将物流业确立为十大产业振兴规划行列，2014 年物流业发展中长期规划颁布实施，2022 年国家发布"十四五"现代物流发展规划，历经四十余年，物流业从小到大、从大到强，取得了令人瞩目的辉煌佳绩。

2.1.1 交通运输战略地位的确立

（1）基础建设。

从新中国成立到 20 世纪 80 年代初，我国基本建成了独立完整的工业体系，农业也得到了较大的发展，交通运输的发展也是相当可观的。在新中国成立后的 32 年间，铁路总长度由新中国成立初期的 2 万多公里增加到 5 万多公里，公路里程从 13 万多公里增加到 90 万公里，基本做到了县县通公路；远洋船队从无到有，扭转了远洋运输主要依赖租船的局面，等等。初步形成了水陆空综合运输网。这个运输网是以铁路、海运和长江航运为骨干，包括铁路、公路、水运、民用航空和管道五种物流运输方式。至 1981 年年底，我国水陆空运输线总长度共 125 万公里，比新中国成立初增加了 6.7 倍。

（2）瓶颈突破。

交通运输尽管取得了明显的进步，但其发展速度还远远落后于国民经济的发展速度。例如，新中国成立以来，铁路货运周转量已经增长了30多倍，客运量增长了12倍，铁路里程只增加了1.4倍，运输车辆增加约5倍，当时我国每公里铁路要承担1300万吨的货运量，物流运输能力的增长大大落后于运量的增长，这种紧张程度，在全世界也是少见的。物流运输发展缓慢的一个重要原因就是长期以来投资不到位。在国家"一五"建设时期，由于总体布局的需要，交通运输业得到快速发展，其基本建设投资占到全国总投资的17.4%。但是，在"二五"期间就下降为15%，尤其是造价高、工期长、固定资产交付使用率下降、投资回收期延长等因素制约，物流运输基础设施严重滞后。由于货车运输能力的制约，众多企业只能采取"以运定产、以运定销"的生产经营模式，因此，物流运输已成为我国国民经济发展的一大薄弱环节。

就铁路来说，一些"卡脖子"的地段亟须增加复线、新线来减轻这些地段的压力。就海运来说，泊位建设周期长、投资大，一些泊位不足的港口就要组织水上驳船装卸，由驳船分流。由于港口的吞吐能力也相当紧张，压船、压货的现象比较严重，当时统计平均每天有近百艘外贸船舶在港等待作业。航空物流运输领域相对发展滞后，机场的技术和管理能力亟待提升，国际航线需要开辟、国内航线有待织密、地方支线需要加强，航空货运的载运率和综合利用率有待提升。事实上，在改革开放初期，我国民航运输机数量仅相当于美国同等量级商用飞机的3%，当时拥有75个民航机场，相当于美国机场数量的13%、印度的36%，而且设施利用率也很低。各种运输方式的分工不够明确，铁路承担的运输量过分集中，出现了所谓"铁路吃不了，公路和部分水运吃不饱"的不正常情况。加速攻破这些制约的瓶颈成为人们的共识。

（3）入围重点。

中共十一届三中全会之后，另一具有重要历史意义的事件就是党的"十二大"胜利召开。这次大会提出了建设"中国特色社会主义"的重大命题，并且将"农业""能源与交通""教育与科技"确定为国家三大战略重点。这就将交通运输的地位提到了前所未有的高度，对物流业演进具有里程碑意义。

当时处于改革开放初期，国家各条战线都有许多重要的工作，但能够把交通运输列为战略重点，凸显了其重要性。对于经济战略重点这一概念，一般是指在经济发展过程中的主攻方向和中心目标，它们要么是经济发展的薄弱环节，要么是牵动全局的关键部位。当时国家的指导思想已经转移到"以经济建设为中心"，而煤炭、钢材、水泥、机器设备、农产品等的物流运输远远满足不了经济建设的需要，成为经济发展的主要瓶颈。只有将物流运输这一关键环节打通，与之相关的一系列问题才会得到解决。

所以，在那个物资储运还由国家高度计划控制的年代，交通运输成为国家发展的战略重点，这无疑为后期的物流业振兴奠定了基础。当时人们已充分认识到，交通运输是社会生产的一种辅助条件，工农业生产离不开交通运输，如果脱离了交通运输，所生产的产品就不可能进入流通领域。在经济社会发展中，交通运输本身不是目的，而是要为社会产品的流通和经济社会的再生产服务，所以在发展理念上，人们思想的解放、视野的拓展，尤其是国外物流业发展的突飞猛进，无形中对物流业后期发展环境的优化、发展文化的营造、发展思路的创新和发展路径的设计等重要环节起到重大支撑作用。

2.1.2 物流产业振兴规划的出台

自 1982 年 9 月中共"十二大"将交通运输业提升到战略重点地位之后，交通运输基础设施得到了持续改善，物流运输专业户受到政策的支持，物流企业的地位逐步得到了认可，国家对物流产业有了新的认识。2009 年 3 月，在人们的期盼声中，国家层面的《物流业调整和振兴规划》正式下发，使物流业的地位上升到了历史巅峰。

2008 年是经济发展异常波动的一年，成功举办奥运会对我国经济产生了强大的拉动作用。但是，国际经济环境却出现了危机的前兆，因为美国的"次贷危机"迅速波及全球，在经济全球化背景下我国也很难独善其身。为强化我国在世界经济衰退中的"强心针"作用，国家决心遴选"十大产业振兴规划"。装备制造、电子信息、轻工等前九大产业无可争议，但第十大产业的遴选当时是众说纷纭，最终花落"物流领域"，这代表着在"保增长、扩内需、调结构"的关键时期，国家选中了"物流业"。

（1）物流业独立地位的明晰。

关于《物流业调整和振兴规划》的出台，贺登才（2009）解释，这绝不是一蹴而就，而是历经了七年反复酝酿，强调这个规划是我国物流业的第一个专项规划。事实上，人们对物流业地位的认识确实需要一个过程，在 2002 年，当时的国家计委和经委就将物流业发展的规划制定工作列为研究专题，四年之后的 2006 年，物流产业的发展问题正式纳入国家"十一五"经济社会发展规划的正式版本中。2008 年年底，为应对国际经济形势的变化，国家发展改革委将多次论证、反复修改的规划草案提交国务院审议，这既是行业深入发展、地位和作用被广泛认可的标志，也是多年来认真准备的结果，具有重大而深远的影响。对于该规划的进一步解读，崔忠付（2009）再次强调了物流产业的构成和特征，认为物流产业尽管融合了运输业、仓储业、货运代理业和信息业，但它是一个独立的产业、一个复合型服务业，可以在生产和商贸企业中将其功能剥离出来，形成第三方物流企业，这样有利于发挥企业的核心功能。将物流功能进行外包后，通过物流业与制造业的联动协同，走向深度融合，既提高了经营效率，也推进了物流业务的专业化发展。

（2）物流业关联作用的增强。

作为一个独立的产业，它既能独立地发挥自身功能，又能发挥关联作用。尤其是《物流业调整和振兴规划》中提到的"六个有利于"，对总体降本增效、产业结构优化、社会就业扩展、流通质量提升、城乡市场的协同以及社会安全应急等方面具有重大的支撑和促进作用。该规划还阐述了物流产业与其他产业之间的互动关系，分析了物流产业发展的路径。

根据我国当时的发展实际和国际经济环境，国家将重点聚焦在"改善民生"领域。通过撬动以收入分配为突破口的国内消费需求，鼓励家电和汽车下乡，加大对农产品上行的支持力度，这无疑拓宽了物流产业的发展渠道，提升了物流业与先进制造业和现代农业之间的关联度。

（3）物流业发展蓝图的绘制。

《物流业调整和振兴规划》以超前的眼光对物流业的未来进行部署，明确指出研发物流技术的重要性。物流业的发展需要以先进的物流技术和装备为支撑、以物流信息化建设为重点，推进物流供应链的一体化。要营造物流产业发展的政策环境，构建综合性的物流服务体系。整个规划对发展基础阐述客观、指导思想科学、主要任务比较具体，使人们对物流业的发展蓝图有了比较清晰的认知。以此为基础，物流产业的地位提升到了一个新台阶。

2.1.3 物流业发展中长期规划的实施

物流业发展演进中的另一个具有里程碑意义的事件就是国家《物流业发展中长期规划（2014—2020 年）》的出台。这是对《物流业调整和振兴规划》的提质、聚焦和扩容，是由物流大国迈向物流强国的又一重要标志性节点。

（1）物流发展的提质。

经过一段较长时期的高速增长之后，物流产业也伴随着众多关联产业进入产业发展的"新常态"。这时人们对产业的发展方式、发展模式、发展路径、发展动力等要素进行冷静思考，开始思索资源的可持续性、环境的可持续性问题。物流产业也由高速发展进入温和增长阶段，由粗放式运行向精益化管理过渡。随着国家对中西部地区、广大农村地区甚至偏远山区扶贫脱困政策的倾斜，农产品电商、农村电商平台迅速兴起，城市之间的主干道路和县乡村之间的支线道路相继建成，农村市场的物流需求发展旺盛，国内市场大循环的物流诉求日益增多，物流企业经营的着力点开始发生变化。物流降本增效的关注点由道路运输成本开始转向要素成本和绿色低碳领域。新技术、新模式成为"新常态"下驱动物流产业发展的新动力源。

自《物流业调整和振兴规划》实施以后，产业的供需结构、地区空间结构等进行了持续的调整和优化，物流产业从高速粗放式增长转向中高速集约式增长，从增量扩能走向存量调整兼顾增量优化，物流产业的降本增效和转型升级达到了一个新水平。经过五年多的时间，物流企业的业务布局紧紧抓住"干支配"这条主线，不仅配合外贸企业和全球供应链采购做强了国际物流，还配合国家的农村振兴、农民脱贫、农业升级做大了农村物流，同时根据城市居民的生活需求做精了城市末端配送。物流服务能力显著提升，服务质量大幅改善，物流业竞争力得到整体提升。

（2）物流战略的聚焦。

2014 年国家制定的《物流业发展中长期规划（2014—2020 年）》与《物流业调整和振兴规划》相比，在指导思想上更加明确，在发展重点、发展领域、发展方向等方面更加聚焦，可执行性也更强。

一是聚焦物流降本增效，着力解决国民经济转型升级过程中物流成本居高不下的制约问题。打破条块分割和地区封锁，减少行政干预；积极采取有力措施，切实加大对公路乱收费、乱罚款的清理整顿力度；加快推进连通国内、国际主要经济区域的物流通道建设，大力发展多式联运等具体措施。事实上，物流成本的降低取决于两个方面，一方面要优化提升物流企业的内部流程和管理，另一方面要消除外部的不当干预，甚至是乱收费乱罚款行为。

二是聚焦物流企业规模化、集约化水平，巩固和提升产业地位，促进国民经济提质增效。通过资源整合、协同联合，推进企业的合作合并，形成有市场竞争力和国际影响力的物流巨型企业。大力推进空间优化、多式联运、协同配送，实现物流企业与生产企业、商贸企业和农产品加工企业的深度合作，通过市场预测实现规模化前期调配，织密末端配送服务网格，促进大小物流企业合作发展。

三是聚焦物流基础设施网络建设，强化支撑产业协调发展的基础条件。物流运输的畅通在很大程度上取决于物流基础设施建设水平。铁路、公路、机场、码头的布局是否适度、合理，空间人口的集聚度、生产企业的供需规模等约束，是综合物流运输体系构建的重要指标考量。只有一流的物流基础设施，才能支撑一流的供应链网络，进而提升物流综合服务能力。

（3）物流工程的扩容。

2014年制定的《物流业发展中长期规划（2014—2020年）》不仅要提升物流社会化、专业化、信息化水平，更要加强装备现代化、体系标准化、区域协调化、网络国际化、过程绿色化等任务要求。尤其是在物流工程建设领域，随着线上交易走向成熟化，电商物流工程引起了国家的高度重视；新农村建设成效日益扩大，农产品的上行需求进一步增大，农产品物流工程必然纳入国家重点支持的视野；新技术、新标准、新条约促成了物流新技术开发应用工程、物流标准化工程、再生资源回收物流工程纳入国家重点支持的重要领域。这是为了满足社会发展的需求，对上一轮物流工程的有效扩容。尤其是对物流金融、物流研究和行业协会提出的相应要求，有力完善了对物流工程实施的支撑。

2.2   物流强国的建设状态

改革开放四十余年的进程中，现代意义上的物流概念从引入到泛在，地位和作用不断提升。相关统计数据显示，截至 2020 年年底，全国 A 级物流企业已经达到 6882 家，其中规模型 5A 级企业有 367 家①。全年货物运输总量达到 463 亿吨，货物运输周转量为 196618 亿吨公里。2020 年全国社会物流总额为 300.1 万亿元，社会物流总费用为 14.9 万亿元，物流业总收入为 10.5 万亿元。这一系列数据表明，我国物流强国建设的基础更加牢固、运营规模持续扩大、运行质量逐年提升、运营成效更加显著、建设进程正在加速。

2.2.1   物流大国"四梁八柱"的搭建

中国作为上下五千年文明延续不间断的国度，在对事物剖析时能抓住关键环节。如在建筑学领域，从干栏式建筑到歇山顶砖瓦结构，其支撑的要核在于"四梁八柱"。随着时间的推移，"四梁八柱"成为高标准、高质量推进顶层设计的代名词。

伴随党的十一届三中全会的东风，我国现代物流业的探索与实践正式启程。外出考察、参加国际物流学术会议、理论研究和实践探索同步推进。20世纪末，"配送中心""物流配送""多式联运"等物流术语相继写进国家规划文件。随着 WTO 的加入和国际物流产业发展的大势，我国迅速谋划物流产业的发展问题，研究制定物流业发展的大政方针，国家六部门及时发布了《关于加快我国现代物流发展的若干意见》。该文件成为物流产业发展史上由我国政府部门正式制定的第一个汇聚支撑物流领域发展专项政策的红头文件。由于该政策的制定具有国际化视野，有效促进了物流产业与国际同行的对接，驱动物流产业进入快速发展阶段。

从 2009 年的《物流业调整和振兴规划》，到 2014 年的《物流业发展中长

---

① 何黎明. 构建现代物流体系   建设"物流强国"［EB/OL］.（2021-01-29）［2022-12-25］. http://csl. chinawuliu. com. cn/html/19889894. html.

期规划（2014—2020 年）》，再到一系列行业物流政策相继制定和发布，我国物流产业的空间布局更加合理、实体网络更加完备、技术标准更加严谨、装备制造更加雄厚，物流产业发展实力更加强大。实体的包括公路、铁路、码头、堆场、机场等立体的空间网络系统，虚拟的包括产、供、销、仓、储、配构成的供应链网络系统均已形成，并在高质量运作。从物流术语的制定到技术标准的出台和完善，物流技术的研发更新日益强劲，从跟跑到并跑再到领跑的领域日益扩展，国际物流专业组织的影响力日益扩大。物流装备业从远洋货轮到高速货车、从集装箱体到自动化装卸设施，智能化、数字化、现代化的物流装备达到了世界领先水平。引领物流业生态化、高质量发展的政策调控体系不断完善，依法经营、依法管理的局面已经形成。

物流业的重点工程相继实施，尤其在多式联运工程、多业融合工程、邮政快递物流、电商物流工程、冷链物流工程、储运配送物流、危化物流工程、应急物流工程等业绩凸显。"四梁八柱"发展框架如图 2-1 所示。

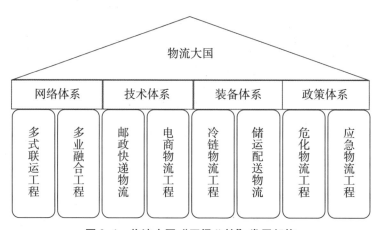

图 2-1　物流大国"四梁八柱"发展架构

物流运输方式各有所长，物流任务的高质量完成需要多种方式的有机配合。我国古代的物流方式就有马驮人扛、车载船运，这实际上也在通过驿站码头进行中转联运。在现代物流产业发展进程中，为了兼顾物流成本与物流时效等问题，公、铁、水、空以及管道运输各有所利弊，我国在集疏运环节进行了不懈的探索。尤其是近几年，海铁联运、空铁一体化等业务在迅速拓展，各种运输方式的"无缝对接"更加严谨。随着国家贸易规模的持续扩大，海运业务规模也逐年提升，我国港口在国际港口前十位中占据 7 席，海铁联运市场在持续拓展。高铁与空港一体化空间布局备受青睐，综合物流运输枢纽的绩效也更加凸显。除此之外，铁路与内河的铁水联运、公铁联运、陆空联运也呈现优质发展势头，大宗散货水铁联运、集装箱多式联运成效明显增长，干支直达和江海直达等船舶运输组织方式以及以半挂车为标准荷载单元的铁路驮背运输、水路滚装运输等多式联运体系也在加速构建和实践探索中。多式联运从概念到形象，再到实际运营绩效的提升，已逐步深入物流决策者和经营者的心灵深处，并在深入践行之中。

物流业作为复合型产业，其作用的发挥更需要在与其他产业融合协同中发展壮大。事实上，国家在大力支持物流产业与现代制造业的融合联动，通过实施相关联动发展示范项目，以期达到物流业与制造业融合发展。随着产业融合项目成效的显现，国家进一步将物流产业与制造业融合的任务精益化，强调仓储配送、供应链平台建设等，物流为制造业服务的项目从原材料采购，到线边库管理，再到半成品库、成品库的管控，生产企业全流程的物流作业与管理都外包给了第三方物流专业公司，将现代物流业深度嵌入制造业经营之中。物流产业与现代农业的融合也在推进，以农产品电商、农村电商平台为纽带，物流业与农业的融合发展也在深化。随着产业的演进，物流业与工业、农业的细分领域实施的多业态融合工程已取得显著成效。

邮政快递物流已成为物流业为居民社会服务的最亮点领域。在 2020 年全球新冠疫情肆虐的环境下，全年全国快递业务完成量超过 800 亿件，同比增长 30%以上，这一数据足以彰显快递物流发展的能力。事实上，随着国家电商示范项目、供应链应用与创新试点项目的推进，电商供应链工程、冷链物流工程、储运配送物流等得以发展壮大，成为支撑现代物流服务业的顶梁柱。

危化品物流工程和应急物流工程均属于物流领域的特殊业务，是展现一个国家物流综合实力的标志。危化品物流有着特殊要求，其码头、堆场、车辆、仓储、线路等诸方面均已制定运营和管理标准，这是物流强国建设中容易被忽略的一块短板。由于疫情、天灾以及国际风云的突变，应急物流事件发生的频率越来越高，应急物流体系已得到经济社会的高度关注，其响应能力和服务水平在一定程度上代表着物流强国建设的状态。

综上所述,我国物流业经过长期持续的运筹和耕耘,由物流大国驶向物流强国的顶层设计和实施路径已经明确,支撑现代物流业高质量发展的"四梁八柱"已经形成。

2.2.2 物流枢纽建设工程的推进

物流枢纽(Logistics Hub)作为以海(水)、陆、空综合交通运输枢纽或陆路边贸口岸为依托,通过物流中转、交换、衔接功能的发挥,形成国际贸易、商业流通、生产制造、社会消费等领域提供便捷物流服务的资源集成综合体。随着国家对各类物流枢纽工程重视度的日益提高,物流枢纽的发展态势迅速扩大,海港综合枢纽、铁路综合枢纽以及空港综合枢纽的规划建设热情高涨,其产业集聚能力和综合发展效率日益凸显。不仅如此,以商贸集聚区、大型生产加工集聚区、边境贸易城市等为中心的物流枢纽建设也是如火如荼。其利用现代信息化技术,履行物流中转、交换、集散、储运、分销、联运、配送等功能,使流通业、生产制造业、对外贸易业通过实体物流深度联系在了一起,形成了产业间密切协作、空间上合理布局、经营上相互支撑,以物流运行主体平台和众多物流企业为主导的空间综合体。其在物流强国建设过程中的核心地位,一直受到物流发展决策层的高度重视。

2018年,国家正式发布了《国家物流枢纽布局和建设规划》,这是加大对国内、国际两大市场和经贸"双循环"畅通支撑的重大战略部署;也是以物流为纽带,增强全社会的降本增效,加速国民经济的循环绩效。通过物流枢纽的空间、产业集聚,推进资源整合和要素优化,是新时代驱动产业转型升级的重要抓手。这也是国家层面首次提出的"物流枢纽"专项规划。

我国物流枢纽分为六种类型:港口型、空港型、陆港型、生产服务型、商贸服务型和陆上边境口岸型。其中,很多城市兼具数种类型物流枢纽功能,如天津兼具生产服务型国家物流枢纽承载城市、商贸服务型国家物流枢纽承载城市、空港型国家物流枢纽承载城市、港口型国家物流枢纽承载城市等定位;广州、深圳等沿海开放城市,首先具有港口型国家物流枢纽承载城市的潜质,其次其生产服务、商贸服务也走在了全国第一方阵,以生产服务、商贸服务定位成物流枢纽也具有鲜明特色,此外空港发展也列入国家发展蓝图,空港型物流枢纽也必然具有较强竞争力。

2019—2021 年，国家发展改革委、交通运输部已经遴选出三个批次的国家物流枢纽建设名单，2019 年 23 个、2020 年 22 个、2021 年 25 个，港口型、陆港型、空港型、生产服务型、商贸服务型、陆上边境口岸型六种类型全覆盖。国家物流枢纽的建设，是在新一代数字技术支撑下，实施绿色低碳的物流集聚。这是一项综合工程，对区域经济社会高质量发展具有引领带动作用，也是优化物流强国运行系统的一个重要支柱。

2.2.3 物流产业专项规划的实施

经济社会进入新常态之后，国家为了强化对物流强国建设的支撑，进一步改善了物流运行政策环境。为与物流业中长期发展相配套，制定出台了《物流标准化中长期发展规划（2015—2020 年）》，有利于全国物流市场的统一和物流企业在更大范围内的协同融合；《全国电子商务物流发展专项规划（2016—2020 年）》的出台，是适应线上线下市场需求开辟的新模式，是对新一代信息技术在电子商务物流领域融合拓展的及时应对；同时，《煤炭物流发展规划》《粮食物流业"十三五"发展规划》等专项规划也相继出台，这是对国家中长期物流业发展规划的有效补充，使国家调控政策在一些重点领域更加有针对性推进和落实，促进了物流技术标准的国际接轨，加速了电商平台与物流供应链的对接，优化了行业物流运营规程，提升了专业物流的运作能力。

在一些专项领域，国务院主管部门持续跟踪、深入调研，制定并出台了诸多操作性更强，更有利于对标示范、落地操作的文件。如电商快递专项政策文件，及时对应了快递物流发展过程中遇到的疑难杂症，对快递物流的精益服务和高质量发展具有重大指导意义；对弥补物流短板促投资促销费的专项政策文件，明确提出了在农产品物流、农村物流、城市末端物流、多式联运设施、物流信息应用、物流标准衔接等物流业的薄弱领域加大支持力度，针对性强、成效显著；从供给侧改革促物流业降本增效的专项政策，是对物流业补短板政策文件的有效补充，有利于改善物流企业"散、小、弱"的局面，形成集约协同、多式联运、匹配协调、规范有序的新格局；关于发展冷链物流保障食品安全的专项政策文件，责任明确而具体，有利于相关任务的实施和目标的达成；关于物流企业大宗商品仓储设施用地的政策文件，提出了在用地税费上给予优惠减免；关于港口建设费征收的政策文件，其相关条款的落实将有利于一批物流企业和对外贸易企业的发展；关于供应链创新与应用的专项政策文件，旨在将物流企业、生产制造企业、商贸服务企业在供应链理念的引领下走向融合协同、精益智能、绿色高效化发展；关于电子商务与快递物流协同发展以及加快快递包装绿色转型的专项政策文件，可操作性更强、调节效果更明显。这些政策，有效消除了物流强国建设过程中遇到的体制机制障碍，起到了强大的助推作用。

对于物流园区建设，由于其本身的集约、集聚、集成作用，国家相关部委更是给予了高度重视，顶层设计了全国性发展规划，部门又推进了示范性工程项目，既有长期谋划，又有操作抓手，更有过程督查和绩效检查。通过一系列政策的引导、激励和约束，一大批基础设施先进、服务功能完善、运营效率较高、社会贡献突出的国家级物流园区脱颖而出，成为物流强国建设过程中的重要节点。在国家级物流园区的示范带动下，快速建立起总体布局合理、区域规模适度、个体功能齐全、经营绿色高效的全国物流园区网络体系。通过以点带面全面提升我国物流园区的建设、管理和服务水平，对提高全社会物流效率，集约利用土地、节能减排和改善交通环境，促进产业结构调整和经济发展方式转变，具有极其重要的实践价值。

随着产业的升级演进，航空物流业进入快速发展阶段。由于数字经济和智能制造规模的壮大，航空指向性产业备受青睐，临空产业集聚区建设异军突起。尤其是国家出台促进民航业发展的若干意见后，国家发展改革委与民航局一起又进行了关于临空经济示范区领域的工程项目遴选，政策的引导进一步激起了空港区域空间开发、产业集聚的热潮，郑州、北京、上海、广州、成都和重庆均加入临空经济区建设的行列。青岛、长沙、贵阳、杭州、宁波、西安、南京、长春、南宁、福州等城市也在强化机场及空港区域的临空产业布局，成为国家级临空产业示范区。这些示范区都是以机场枢纽为依托，着力引导高端制造业、现代服务业和航空物流业集聚协同发展，其临空指向性产业集聚效应与要素禀赋比较优势日益凸显。

由于国际经贸环境处于极度不稳定状态，国内、国际两大市场密切配合的流通格局得到重视。为解决新时代商贸物流业发展中的问题，趋向优质发展，在"十四五"之初，商务部、国家发展改革委等9部门联合印发《商贸物流高质量发展专项行动计划（2021—2025年）》的通知，旨在面对新的发展环境，贯彻新的发展理念，制定切实可行的对策，设计务实的路径，推进商贸物流网络化、协同化、标准化、数字化、智能化、绿色化和全球化，真正实现商贸物流的提质降本增效。2022年国务院办公厅印发《"十四五"现代物流发展规划》，进一步明晰了现代物流的重点方向、升级功能、发展潜力和支撑体系。

这一系列专项规划或专项政策的密集出台，对各专项物流等重点领域给予的支持，对物流与数字化治理，物流与现代农业、制造业以及其他服务业之间的融合发展产生了较大促进作用，加速了由物流大国向物流强国的演进。

2.3 物流强国的发展趋势

作为企业降本增效最具潜力的领域，着力推进物流强国建设，对新发展格局背景下"双循环"流通体系的优化完善、对国际供应链采购和运营系统的畅通和增效、对国家国际综合竞争力和国际影响力的发挥，具有重要作用。因而，物流业的基础性、战略性和先导性地位越来越呈现强劲的发展态势，进而呈现出普惠性和应急性、绿色化和智慧化、国际化和融合性色彩，其主要特征如图2-2所示。

2.3.1 基础性地位更加强大

2009年，物流业之所以最终入选十大产业振兴规划，就在于它在国民经济发展中发挥着基础性作用，具有基础性产业的属性。在改革开放初期，由于第三方物流企业规模相对较小，大型制造企业仍以自营物流为主，加上信息平台发展滞后，物流产业的基础性地位没有有效显现。随着科学技术的发展，尤其是新一代信息技术、物联网、云平台的迅速应用和推广，电子商务在生产生活中的纽带作用日益显现，线上消费顺畅便捷，相关法律陆续出台，

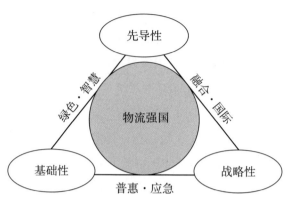

图 2-2　物流强国发展的主要特征

消费者的权益有了保障，线下实体物流的基础性地位更加巩固。

2014 年颁布的《物流业发展中长期规划（2014—2020 年）》进一步强化了物流业的基础性地位。该规划明确了物流业的构成，并围绕其基础性属性谋划了重点建设任务和保障措施，以支撑物流业能够有效发挥基础性作用。一是推进物流基础设施规划和建设，做强基础性产业的硬件基础。重点在物流运输的干支配网络布局和物流枢纽、物流园区和物流中心的规划建设上下功夫，干线的空运、陆运和水运均需要相应的物流节点相互配合，这样才能实现干线运输与支线接驳的密切配合。末端物流设施建设是决胜物流最后一公里的支撑点，配送中心的合理布局关系着消费者的满意度，也是彰显物流基础性的水平仪。这一系列枢纽、园区、中心、站点的空间规划布局，有效提升了多式联运的效度，也提升了货物周转的兼容性和便捷性。二是加强物流技术的支撑作用，推进物流装备的现代化。农产品、食品、医药用品等都需要冷链技术的保护，危化品物流更需要专门的装备去运送，城市狭窄的空间需要特种物流器具去配送，遇到疫情、天灾在场地受阻的情况下需要机器人、机械手、无人车、无人机替代人力去实施，等等，都需要加强物流装备研发，提高基础性支撑能力。三是要提高物流运营标注，强化物流标准化建设。各类物流空间、各种物流设施、各个物流企业在新时代都需要协同合作，如果物流器具标准不统一，就很难推进联运事宜，很难实现无缝对接。尤其是在国际采购供应链业务规模不断扩大的前提下，如何与国际物流标准对接，也是制约物流企业国际竞争力的一大约束条件。因此，国家积极推进物流标准化工程建设，这对强化物流业的基础性地位尤为重要。通过设施基础、技术基础和标准基础的建设，物流体系的基础性地位更加坚实，其在国民经济领域发挥的基础性支撑更加强大，在遇到突发事件时既表现出普惠特征，也展现出应急能力。

2.3.2　战略性思维更加清晰

2014 年颁布的《物流业发展中长期规划（2014—2020 年）》进一步提升了物流业的战略性地位。这是随着时代发展的需要，国民经济和社会运转赋予物流业的更大使命和更高期望，物流业自身的影响力快速提升，其国际市场的开拓力以及与三大产业的融合力也更加明显。

提升物流业的战略定位是发挥物流节点集聚作用、引领区域经济协调发展的需要。新时代推进的"一带一路"发展倡议，事实上是以物流业发展为纽带，深化与"一带一路"沿线国家的经贸合作和互惠共赢，尤其是陆海联运、江海联运、中东欧专列等物流工程项目，在与东盟和中东欧国家的合作发展过程中发挥了重要作用。物流基础设施互联互通项目的建设和投入使用，密切了相互间的贸易关系，扩大了经贸合作规模，拓展了国内企业抱团走出去的路径。从国内来说，通过国家物流枢纽、物流园区示范项目以及临空经济示范区项目的统筹布局，密切了东、中、西部之间的互助共享关系，有利于促进产业的梯次转移，实现国内资源的整合共享。

提升物流业的战略定位是拓展海外市场，并深度融入国际市场供应链发展的需要。改革开放四十多年的历程，使我国的开放度越来越高，在 2013 年就成为世界第一大货物贸易大国，全球采购供应链的地位日益壮大，亟须打造一批具有全球竞争力、综合实力强的国际化物流企业。海外仓、进口监管仓、前置仓等与跨境贸易、跨境电商相互支撑的电商物流业的作用也更加突出。国家为应对诡谲多变的国际经贸环境和快速发展的物流信息技术，必须加强物流业的战略性定位，畅通与主要贸易伙伴、周边国家便捷高效的国际物流大通道，以软硬实力兼具的物流企业为支撑，形成具有全球影响力的国际物流中心。

提升物流业的战略定位，是支撑国内国际"双循环"新发展格局的需要。国内市场的潜力、国家环境的多变，为物流业提供了支撑国内大流通体系和优化国际物流供应链的发展机遇。通过东中西部不同的地理、人口、文化的分布和市场需求，打造枢纽+通道、运输+配送、主线+支线等多种物流模式，形成驱动国计民生高质量发展的战略支撑。

2.3.3 先导性作用更加凸显

对物流业的定位继"基础性、战略性产业"之后，随着产业的演进和市场需求的加大，国家又明确提出物流业具有先导性，对推动商贸流通业的转型、促进消费市场的升级具有强大的引导作用，这就进一步提升了物流业的定位，它有利于产业的集聚和核心竞争力的提升，有利于规模经济的发展，其绿色化和智慧化的引领作用也在进一步加强。

尤其是冷链物流、农产品物流和农村物流的综合发力，有效引领特色农产品和乡村产业的振兴。电商物流能够引领工业品下乡和农产品进城，这种下行和上行的周密谋划，有利于美丽乡村和数字乡村战略的实施。

利用快递企业的跨境电商业务，推进快递企业"走出去"，引导构建"海外仓"电商物流模式。综合的云平台集采购、结算、调拨等多种功能于一体，加上线下实体物流的精益合作，活跃了国内和国际两大市场，支撑了外贸企业、制造企业以及终端消费者的原材料采购和消费嗜好。

通过电商物流的优质发展，培育壮大了市场主体。电商物流业的运营引领了一批电商平台企业、物流配送企业、生产加工企业的协同发展，满足了数字化环境下消费者的个性化需求，颠覆了传统的消费方式，助推了物流技术的升级换代，进而提高了现代农业、制造业和其他服务业的经营绩效。

2.3.4 创新性特色更加鲜明

随着物流科技和物流文化的演进，物流强国建设的创新性色彩更加浓郁。除基础支撑、应急支撑，在绿色引领、融合引领、智慧引领和国际引领方面的创新发展更为显著。

伴随人类命运共同体理念在全球的认可，"双碳"约束意识在人们心中的分量迅速加重，物流产业绿色引领的诉求也更加强烈。绿色物流体现在多个方面，绿色包装、绿色运输、绿色配送、逆向物流只是表面形式，深层次的物流硬件的设计、制造和应用将更有利于节能降耗，降低物流过程中的碳排放和污染。物流产业的绿色引领特色将得到迅速强化。

产业的持续转型升级，使人们更加认识到现代服务业、智能制造业和特色农业之间深度融合的重要性，物流产业的融合引领地位也更加巩固。物流产业与先进制造业融合，可以降低前期供应采购的库存，缩短产成品供销的周期，降低制造业经营的成本，激活流动资金的周转。物流产业与特色农业融合，将加速农业从播种育秧、灌溉、排涝、管理、收割、收藏和销售全过程的现代化和农产品供需的均衡化，减少中间环节，降低中转消耗。物流产业与其他现代服务业的融合，将精准推进商品流通，节约时间、空间和人力成本，提升物品循环效率和效益。

物流产业竞争力的提升归根结底还在于物流科技创新，在于物流器皿、物流方式、物流过程的智慧化和现代化。将无人机、无人驾驶配送车、机械手、智能机器人用于物流的各环节已是普遍现象。物流大数据的挖掘、应用嵌入多式联运的调拨指挥系统，智能仓储的大规模利用，区域化互联的家庭生活物资采供线上线下一体化应用系统，等等，将彻底改变人们的生活质量。

网络的联通、文化的碰撞和交融，激励着市场的国际化合作，高质量的国际物流服务品质将引领经济全球化发展。大自然的变化客观地造成了物质世界的不均衡分布，人类文明的演进和历史的发展也昭示出国际经济体系发展质量的不均衡，这就给规模企业的全球化运营提供了驱动力。高效率和高效益的国际化物流运作支撑了企业的全球化运营以及消费者的全球性消费嗜好，国际化的物流网络将有效保护全球性的市场竞争，助推国际大循环的畅通。

2.4 本章小结

沿着物流产业演进的轨迹，梳理了物流产业从起步培育到全面发展进而走向实力强大的历程。围绕物流运输战略地位的确立、《物流业调整和振兴规划》的出台以及《物流业发展中长期规划（2014—2020年）》的实施等发展战略，剖析了物流产业内涵本质和外延扩展。抓住物流大国"四梁八柱"的搭建、物流枢纽建设工程的推进和物流产业专项规划的实施等重大工程，分析了物流产业由大到强的要核支撑。通过对物流产业的基础性地位更加强化、战略性思维更加清晰、先导性作用更加凸显和创新性特色更加鲜明等趋势分析，揭示了物流强国建设的客观必然性。

3 物流强国的建设案例

通过国际物流强国建设的案例研究，凝练经验教训，探讨物流强国先行之鉴。在现代化进程中，诸多发达国家走在了我们前面，现代物流的发展和建设也是如此。选择美国、欧盟和日本等发达经济体，推进建设案例分析，借鉴它们在物流强国建设进程中的成功做法和失败教训。

3.1 美国的物流强国建设

美国作为现代物流理论构建和实践的领头羊，在物流大国、物流强国建设进程中积累了诸多可圈可点的经验，如通过制定专业领域的高水平规划引领物流基础设施建设、弥补发展短板或实施重大工程；通过立法、政府规制和政策调控，匡正物流发展航向，完善物流体系；选择产业重点发展领域打造物流特色；等等。

3.1.1 以规划引领

美国在物流强国建设过程中最突出的表现在于物流信息系统建设。在物流信息基础设施建设过程中，主要表现出了政府主导的思想。美国的"信息发展规划"是由政府主导制定的，在建设过程中也是先由政府与市场合作推进基础设施投资，再由政府部门为主导统一负责网络、公共平台和各类基础信息化系统建设与运行维护。美国政府在早期主动鼓励国际与国内的相关资源向信息高速公路建设领域集聚，后期以安全防控为由，对国际投资进行了严格审查和管控。20 世纪 90 年代，美国全力推进信息高速公路规划建设、发展信息经济，就如同在工业社会时代，美国全力建设实体高速公路网，以加速促进美国成为世界第一大经济体一样。

美国政府在 1993 年提出国家信息基础设施行动规划，简称 NII（National Information Infrastructure）规划，是对信息经济发展的一个总体预测。通过建设全美信息网络，联通服务器、应用终端和个人信息资源，尤其是通过物联网的信息采集和数据汇聚，产生强大的资源集聚力。在信息网络连接下，个人和社会单元形成了顺畅的连接，提升了个人信息应用能力。进而通过信息的应用，产生货物交换或其他经济活动，创新信息经济模式。当时美国通过 NII 规划建设提供了一系列复杂但容易使用的服务，这实际上就是当今的物联网、车联网和物流信息平台。

利用 NII 规划建设成果，在 20 世纪末，美国开始大力推进发展电子政务和电子商务，有效地推动了电商物流的全面信息化，通过网络实现购物、业务交易等活动，同时还可以完成查询、分析、交互等服务，并实现城市物流信息资源共享，彰显 NII 规划建设的经济效益和社会效益。

在物流信息高速公路建设的基础上，美国又开始制定、实施多轮的《智能交通系统（ITS）战略规划》。美国 ITS 萌生于 20 世纪 60 年代末期的电子路径导向系统（ERGS）。美国加利福尼亚交通部门在 20 世纪 80 年代中期对相关原理和功能进行了实验和测试，并取得初步成效。1990 年美国运输部成立智能化车辆道路系统（IVHS）组织，1991 年国会制定了综合地面运输效率方案（ISTEA），除了对地面运输常规项目进行安排，更重要的是安排 IVHS 的研发和试验，希望利用通信和信息技术进行合理的交通分配以提高整个路网的效率。1994 年 IVHS 更名为 ITS，1995 年 3 月美国交通部门正式发布了"国家智能交通系统项目规划"（National ITS Program Plan）。其要核涵盖智能交通领域中的 7 大系统，对智慧化交通管理中的出行管理、过程管控、需求服务、安全管理、电子收费、应急管理、车辆控制进行有效管控。通过对物流运输路线的优化，进一步彰显了交通物流及运输过程中的智能化、现代化水平，促进降本增效。从《国家 ITS 五年项目计划（1999—2003）》到《智能交通系统（ITS）战略规划（2020—2025）》，美国交通部门连续发布实施计划、规划已进入第 5 轮。

由于美国的专业规划绘制了 ITS 的发展蓝图、制定了 ITS 的确切目标，从而发挥了巨大的引领作用。由于该规划分析透彻、任务具体、措施有力，成为美国在物流信息化、数字化、智能化领域称雄世界的有力支撑。现在，美国虽地域辽阔，但因交通网络发达，其物流效率仍然位居全球第一。除此之外，美国于 2020 年发布首个《国家货运战略规划》。美国货运基础设施仍存在大量的定向投资的空间，未来建设、维护和运营货运系统所需的劳动力可能存在缺口。提升货运效率是未来最重要的事情，需要让行业代表参与决策，从专业视角提供决策支持，同时，要扩大数据共享范围。

事实证明，构建安全、高效、可靠和可持续的物流运输体系对区域乃至国家经济持续增长至关重要。因此，通过整合多式联运资源，优化相关基础设施、消除多式联运衔接瓶颈是国家交通物流系统高质量发展的重中之重。

3.1.2　推政府规制

政府规制（Governmental Regulation）是政府干预市场的活动总称。美国是最早在经济领域实行政府规制的国家。从 19 世纪 70 年代开始实践探索，到 20 世纪 30 年代凯恩斯主义占据西方主流经济学地位，大量政府干预形式出现，公共利益规制理论得到迅速发展。

利用政府规制，美国通过颁布实施行业法规，如《联邦航空法》《多式联运法》《陆上综合运输效率化法案》《面向 21 世纪的运输平衡法案》等，以推进物流强国建设。

美国节能降耗、提升物流效率的成功做法之一就是通过政府规制，推进多式联运发展。推进的重点放在了交通物流设施和设备设计、制造与建设的标准化上，以此构建全国统一的综合运输管理体制。标准化工程是一项系统工程，取决于对物流运输装备及其技术系统未来发展预测的整体把握程度以及对物流运输规模及其走势的控制程度。只有前期数据统计翔实、数据挖掘应用到位，才能做出具有科学性、引领性和可实施性的物流运输多式联运规划。由于美国拥有众多的国际化物流企业，其多式联运节点系统的布局是以全球为视野、以智能化为支撑，高度重视大型物流枢纽和换装转运中心建设，重视节点的连接和不同运输方式的对接，以实现各种物流运输方式的立体、无缝、便捷交互。

总体来说，美国在绿色环保、低碳物流领域也位于国际前列。在制度设计领域，美国积极制定了碳排放标准，形成了一系列控制指标体系，拥有较为严格的排放法规。纵观美国的发展历程可以看到，美国政府颁布了一系列有关能源的法律、法规，美国运输部在支持国家能源政策的落实方面采取了积极、具体的行动。20世纪70年代，美国制定实施了《能源政策和节能法案》，其核心条款紧紧围绕节能提效和能源安全，对机动车辆明确了燃油经济性标准，并且从车辆设计制造源头抓起，要求统一到国家标准中来。20世纪80年代，又制定实施了《机动车辆信息及成本节约法》，进一步约束了车辆能耗。20世纪末美国制定了国家能源领域的综合战略，形成了节能降耗的系统组合拳，明确提出发展清洁运输，积极寻找新能源、可再生能源和替代能源，并采取了现金补贴、税收减免和低息贷款等激励政策。2015年，美国又出台实施《清洁电力计划》（Clean Power Plan，CPP），明确要求美国电力行业2030年的二氧化碳排放要比2005年减少32%，使绿色低碳行动更加具体化。政府制定出台的一系列规制政策，有效引导了物流业的健康发展，也为我国物流强国建设提供了有益借鉴。

3.1.3 塑优势特色

美国在布局物流强国建设过程中除了超前布局物流信息系统、物联网和智慧物流建设，谋划多式联运和低碳物流，更是根据自身地大人少、乡村分散等实际情况，着力运营航空物流，大力推进快递物流公司与民航机场有机融合、通用航空支线与主通道相互支撑，形成了一个个优秀案例。尽管2020年新冠疫情在全球蔓延，全球货运量最大的两大航空物流公司仍属美国，如表3-1所示。这进一步彰显出美国航空物流的优势特色。

表3-1　　　　2020年全球航空公司货运量排名（TOP10）　　单位：百万吨公里

排名	航空公司	2020年	同比增长（%）	2019年	同比增长（%）	2018年
1	联邦快递	19656	12.3	17503	0.0	17499
2	联合包裹	14371	11.9	12842	3.1	12459

排名	航空公司	2020 年	同比增长（%）	2019 年	同比增长（%）	2018 年
3	卡塔尔航空	13740	5.5	13024	2.6	12695
4	阿联酋航空	9569	−20.6	12052	−5.2	12713
5	国泰航空	8137	−25.6	10930	−3.1	11284
6	大韩航空	8104	9.3	7412	−5.4	7839
7	卢森堡货运航空	7345	2.3	7180	−1.9	7322
8	土耳其航空	8977	27.7	7029	19.3	5890
9	中国南方航空	6591	−3.4	6825	3.5	6597
10	中华航空	6317	18.4	5334	−8.1	5804

美国快递物流企业——联邦快递（FedEx），以快递服务为主业，具有国际化、全天候、个性化、智能化特征，总部设于美国田纳西州孟菲斯。作为临空指向性企业，它的成功主要归因于机场和航空物流发挥的重大作用，其中航空物流企业与城市政府的紧密合作、产业与城市的融合发展、政府对航空物流企业的政策支持和要素投入是企业成功的关键。

资料显示，20 世纪 70 年代，孟菲斯国际机场（Memphis International Airport）还是一个不知名的小机场，一家不起眼的小货运企业——联邦快递来到这里，并在此设立了美国国内货运中心。创始人弗雷德·史密斯（Frederick W. Smith）对飞机运输的奇想和对"速度"的执着追求，成就了他的梦想。

现如今，联邦快递的卡车、飞机、拖车，以及它的紫色标志，遍布整个孟菲斯，这座城市实际上已成为名副其实的物流之都。联邦快递成为世界四大航空物流公司之一，而孟菲斯这个美国东南部小镇则变身为世界航空都市，并拥有了世界上最繁忙的货运机场。孟菲斯的成功，打破了过去地理为王的真理，沿海沿边不再是货运的必要条件，依托航空物流同样可以改变一座城市的贸易格局。

依托机场平台发展起来的现代产业集聚区，一般对城市发展具有较大影响力。以物流产业集聚区为例，机场的航空便利成就了物流企业，物流企业规模的壮大驱动产业发展，产业发展又能反哺城市建设。孟菲斯国际机场支撑着联邦快递业务发展，壮大了联邦快递物流的规模，由于物流的便利，吸引了信息与通信科技、生物医药等临空指向性产业集中，这些业务之间相互支撑，创造了临空区域的新型商业模式。在联邦快递物流功能驱动下，纺织、汽车、健康保健、医疗装备等一批与临空物流密切关联的产业也集中到孟菲斯国际机场产业园区，既提升了城市发展的产业内涵，又增强了快递物流产业链的竞争力。

在快递物流领域排名世界第二的联合包裹运送服务公司（UPS），它的成功也是依托肯塔基州路易斯维尔市的路易斯维尔国际机场（Louisville International Airport）。UPS 的强大来自临空资源的优势和周密的物流网络，它拥有数量巨大的自营飞机和租赁飞机，稠密的国际航段安排增强了它的经营实力，高效的物流响应更提升了它的服务能力。美国为鼓励航空物流，在政策上放松了航空管制，允许货运航空公司在任何时间使用其偏好的机型飞往任何地点，UPS 抓住这样的机遇，在路易斯维尔国际机场附近建成了一流的"世界港"，在这里每天处理上百万件包裹。如今 UPS 在全球日均超过 2000 万件包裹，通过其智慧物流网络在全世界高效流转。路易斯维尔国际机场是 UPS 的国际性枢纽港，电子商务的发展为其带来了更大的市场需求。UPS 作为路易斯维尔国际机场最大的货运运营商，为路易斯维尔市的发展和城市建设带来了巨大活力。当然，在 UPS 枢纽港发展初期，也曾遇到各种困难，甚至曾出现中断该项目的思想，正是路易斯维尔市政府领导的联合支持，帮 UPS 渡过了难关。应该说，UPS 与路易斯维尔国际机场是在相互支持、相互融合下发展壮大的，其结果就是既培育了美国强大的物流企业平台载体，又发展了地方经济。

美国对航空物流培育的优秀案例还有位于北卡罗来纳州的夏洛特道格拉斯国际机场（Charlotte-Douglas International Airport）和罗利达拉姆国际机场（Raleigh-Durham International Airport）。这两个机场专门服务于美国东南部地区的机械电子制造业，在电子产品的巨大运力支撑下形成了强大的航空物流服务力量。

综上所述，依托临空物流业集聚区壮大物流企业成为美国物流强国发展的鲜明亮点。在各级政府规制调控下，物流业、电商平台与区域产业深度融合，进一步彰显出物流纽带的作用，以其及时的响应、便捷的服务，抢占了全球物流市场份额，增强了美国物流业的竞争力。

3.2 欧盟的物流强国建设

欧盟是物流业发展较成功的地区，由于其发达的经济基础，优越的海洋、内河水系，在多式联运、物流节点及载体建设、低碳物流等方面，创造了诸多值得借鉴的经验。

3.2.1 激励铁海（水）联运

欧盟几个主要国家都是海洋国家，濒临大西洋、地中海、波罗的海等，加上内河水系，水运发达，这也是欧洲最早崛起于海上的原因，因此它们对于海运业的重要作用认识深刻。欧盟决策者认为，海运业是欧洲经济增长和繁荣的重要基石，要确保欧洲的融合和可持续发展，就必须围绕海运制定实施相关政策，以增强自身在全球的竞争力。由于欧盟具有悠久的航海传统，经过几百年的沉淀、磨合，形成了发达的海运文化、完善的经济政策以及它们和其他相关产业的合作关系，并通过海运规则、标准的强大影响力不断巩固国际竞争优势。进入21世纪后，欧盟交通安全委员会借助这些年在多式联运等方面的发展经验，从宏观、微观方面，引导和规范其发展。

首先，2001年欧盟委员会通过了交通政策白皮书，一个主要目标是平衡欧洲交通发展中的各种运输方式，建议促进铁路复兴、海铁联运，建议对各种运输方式的角逐进行合理管制等，既促进了铁路发展，又实现了降本增效，更加强了海上航运的优势。

其次，制定实施了物流运输行动计划。该行动计划强调了智能交通运输系统的促进作用，提出网络货物与电子货物内涵；实现ITS在物流运输的发展框架等；该计划进一步规范并提升了物流信息标准，提供了综合信息平台；谋划了多式联运的信息支撑，预测展望了未来物流运输的发展维度，形成了可执行的行动举措。

最后，制定实施了马可波罗计划。为整顿货物运输结构、改善交通堵塞、推动铁水联运等，欧盟及时推进了该计划的实施。该计划推动货物运输向更加绿色的方式转化，资助的重点领域在于，为了节能降耗而实施的货物物流运输方式之间的转换和联运，包括公转铁或公转水；港口岸线、码头、堆场及集疏运公路建设；多式联运意义的宣讲、业务知识的学习和技能的训练；优化工作方案，规避二次装卸、搬运事件的发生等项目。该计划还完善了各部门的监管和推动机制，促进了多式联运政策的成功制定。每一种运输方式在综合管理体制下都是其中的分支系统，这有利于运输方式间的合作，提高了服务水平，减少了运输成本。

3.2.2 重视通道+节点

20世纪80年代，欧洲物流业尤其是第三方物流业就已经兴起，这时，欧盟各国积极推进大型物流基础设施的规划建设，精心谋划遍布欧盟、布局合理且路网稠密的公路运输网络，从而形成一体化的公路、铁路与水路网络，一条条物流运输大通道初步形成。

欧盟为了在内部物流领域提高效率，制定并实施了一系列有利于协同发展的举措。从顶层设计层面要求大力推进物流装备和设施的标准化、通用化，规范了度量标准、容器标准、流程标准、用语标准、技能标准和服务标准等，尤其是物流安全和环境的强制性标准，有利于危化品物流的安全运行。标准的统一化有利于内部市场流通的质量和效益提升。事实证明，欧盟通过统一标准、协调发展，使物流与供应链实现了多国一体化运作，加强了物流业在欧洲一体化进程中的纽带作用。

为了打造具有一流物流效率的物流体系，欧盟特别重视物流平台节点建设。在欧盟，物流园区得到普遍认同和广泛发展，很多国家都成立了物流园区协会，并在此基础上组建了"欧洲物流园区联合会"。其中最具代表性的园区发展模式是德国和荷兰模式。

德国是物流区域平台建设较早的国家。其区域平台有时称为货运村、物流园或配送中心，这些平台节点一般实行联邦政府统筹规划，进行全国一盘棋的布局，然后由州政府扶持建设，再由物流企业自主经营管理的运作模式。联邦政府通过对平台的空间布局、用地谋划和覆盖范围的划定，确保了物流服务供给的有序性，有利于平台间的竞争合作。州政府协调解决平台建设所需的土地、道路、铁路、通信等物流运输基础设施，这有利于保障物流活动的基础性地位。州政府再把物流平台内的场地出租给物流企业，与其按股份制形式共同出资兴建物流园，有利于增强政府与市场两方面的积极性。最终由入驻企业自主经营，依据自身经营需要建设相应的仓库、堆场、车间，配备相关的机械设备和辅助设备，这有利于保障物流服务的市场化运营机制，提升物流产业的发展动力。

荷兰是物流强国建设的先进代表，它作为欧洲物流中心，从阿姆斯特丹或鹿特丹出发，24小时内可覆盖1.6亿欧洲消费者。荷兰物流园区具有以下典型特征：首先，空运、陆运和水运在欧洲都具有举足轻重的地位，海运及莱茵河、马斯河等内河航运非常便捷，港区专设铁路服务中心。其次，鼓励跨部门和跨行业经营，允许各类专业运输公司在经营各自主业的同时，可以租赁经营其他运输业务，而政府对多式联运市场行为和标准进行统一规范。最后，将税制优惠（海关增值税的递延征收体制）和物流便利进行完美结合，吸引许多跨国公司在荷兰建立了集中的欧洲分销中心。

欧盟通过大通道+大平台建设，使物流业的集聚效益、规模效应、快速响应等方面得到大幅提升，助推了物流业、现代制造服务业、国际贸易业和内部商业的高质量发展。

3.2.3 推进低碳运作

由于地理、历史等诸方面原因，欧盟是绿色低碳理念最坚定的践行者。欧盟成员国重视物流各环节的"绿色标准"融入与资金投入，从生产、仓储、运输到销售环节都有政府专项资金支持，为欧洲绿色物流发展提供了坚实的物质基础。欧盟成员国对低碳物流关注的重点是对物流运输过程中运输工具排放废气、物流加工过程中产生废水，以及大件物流包装和快递包装产生废料等环节强化管控的力度、创新管控的技术和方法，以降低对环境的污染或破坏。为使低碳物流体系制度化，欧洲货代组织带领物流行业积极推进绿色物流系统的标准化建设，以提升物流企业的低碳意识，进而形成规范化行动。

欧盟是绿色环保的重要倡导者，为在国际条约履行中发挥积极作用，欧盟制定和实施了一系列措施和行动计划推进欧洲经济向低排放转型，明晰了2030年前温室气体排放控制的目标，并对国民经济的相关部门制定了专门的计划指标，使低碳意识贯穿于生产、流通、消费的全过程。

由于物流产业中的运输、仓储、流通加工和配送诸项活动均存在绿色低碳指标的控制问题，所以对物流行业的制度性约束更为严谨。欧盟提出减排目标为相较1990年的排放值，2050年要实现温室气体减排80%~90%。为体现欧盟内部减排指标分配的公平性，欧盟制定了2021—2030年的减排目标及可调额度，如表3-2所示。

表3-2　　　　　　**2021—2030年欧盟成员国减排目标和可调额度**　　　　单位:%

国家	2030年目标（与2005年相比）	每年最大的可调额度（占2005年排放量的百分比）	
		从排放交易体系到"共享条例"的一次性可调额度	从土地使用部门到"共享管理"的可调额度
卢森堡	-40	4	0.2
瑞典	-40	2	1.1
丹麦	-39	2	4.0
芬兰	-39	2	1.3
德国	-38	—	0.5
法国	-37	—	1.5
荷兰	-36	2	1.1
奥地利	-36	2	0.4
比利时	-35	2	0.5
意大利	-33	—	0.3
爱尔兰	-30	4	5.6
西班牙	-26		1.3
塞浦路斯	-24	—	1.3
马耳他	-19	2	0.3
葡萄牙	-17	—	1.0

国家	2030 年目标（与 2005 年相比）	每年最大的可调额度（占 2005 年排放量的百分比）	
		从排放交易体系到"共享条例"的一次性可调额度	从土地使用部门到"共享管理"的可调额度
希腊	−16	—	1.1
斯洛文尼亚	−15	—	1.1
捷克	−14	—	0.4
爱沙尼亚	−13	—	1.7
斯洛伐克	−12	—	0.5
立陶宛	−9	—	5.0
波兰	−7	—	1.2
克罗地亚	−7	—	0.5
匈牙利	−7	—	0.5
拉脱维亚	−6	—	3.8
罗马尼亚	−2	—	1.7
保加利亚	0	—	1.5

注：英国脱欧已于 2020 年 1 月 30 日获欧盟正式批准，故表中没有出现英国的信息。

为落实物流运输低碳化，欧盟对商用车二氧化碳减排积极研发创新，紧紧瞄准 2050 年的目标。它们设想在车辆、安全和运营效率相关背景下，未来的商用车可以是公路运输的"载体"，也可以是车辆和运货载体，它高度模块化，模块之间具有非常高的互操作性，并且在重量和尺寸方面具有更大的灵活性（特别是在长度和重量方面）。车辆更多地使用可换式车厢和载货模块，有双层堆放或使用可移动车顶的潜力。大多数物流运营商将必须使用可再生能源。欧盟未来商用车工作组与其他专家一起，制定了目前可实现的减排选择和发展路线图。该路线图包含了一些必须执行的重要步骤和措施，以确保在欧盟公路货运和物流部门广泛使用这种"载体"。

除车辆研发创新外，欧盟氢燃料电池（FCH）技术已基本成熟，氢燃料电池在可再生能源发电（风能和太阳能）储能方面具有积极作用，成为欧盟国家重点关注的领域。如欧盟氢燃料电池重大专项（FCH JTI）投入研发资金

500万欧元，组成由比利时 Hydrogenics Europe NV 公司负责牵头，9家光伏（PV）企业、物流叉车制造企业和物流企业，联合科技界组成的欧洲 DON QUICHOTE 研发团队。从2012年10月开始，致力于氢燃料电池在物流业商业化应用的中试示范项目开发，积极研究和评估经济技术可行性。研发团队的科研活动，涉及从光伏发电生产氢气并储存氢能，到加氢基础设施和物流氢燃料叉车制造的全价值链经济技术可行性评估。研发团队已分别完成光伏发电碱性电解槽生产氢气、创新型更高效质子交换薄膜电解氢燃料补给基础设施、氢燃料电池叉车设计、基于电化学压缩技术氢储能系统设计的研制开发和经济技术可行性评估，并成功设计开发出两套切实可行的氢燃料补给方式——连接电网补给和可移动补给。欧盟委员会认为，氢燃料电池作为可再生能源储能中介的作用日趋明显，将为实现欧盟能源战略目标作出重要贡献。

3.3 日本的物流强国建设

3.3.1 连续滚动编制施政大纲

日本作为岛国，资源相对匮乏。但对物流服务业的发展非常重视，无论是产业规划还是目标落实，政府发挥的作用始终是主导性的，对产业发展的引导和指导更加适宜市场运作的规则。自1997年颁布第一版《综合物流施政大纲》开始，每四年都会根据前一个大纲实施时出现的问题和物流业发展中面临的新挑战进行相应的调整，现已七次制定发布，完成了前六轮实践，2021年已进入第七轮，其物流政策的核心内容和关键举措以及阶段特色如表3-3所示。《综合物流施政大纲》的连续制定和发布，标志着日本政府的物流政策调控具有持续性、长期性和公开透明性。

表3-3 日本《综合物流施政大纲》不同版本的重点和特色

年份	重点方向和措施	特色
1997—2001	①在亚太地区提供最为便利和最具有竞争力的物流服务；②在不阻碍产业形成竞争力的前提下提供低成本水平的优质物流服务；③在能源、环境、交通安全等问题上建立有效的物流应对系统	降低成本提高竞争力系统化管理

年份	重点方向和措施	特色
2001—2005	①整体形成有效率的并与日本经济社会相适应的新的物流系统；②创建一个能够减轻环境负荷的物流体系和循环型社会	创新发展绿色发展
2005—2009	①实现成本低廉无缝化的国际、国内物流一体化；②实现环境友好、高效率的绿色物流；③重视物流需求双方，实现高效物流系统；④实现为安全、安心的国民生活提供支撑的物流系统	无缝对接绿色物流需求系统民生服务
2009—2013	①建立一个具有国际竞争力的国际物流市场；②在考虑环境载荷的基础上，提高亚洲物流高效化实施方案；③力争实现全球化供应链高效物流系统；④进一步推进 PDCA 体制，明确责任部门及措施实施时间；⑤在此基础上确立由货主及物流企业代表与相关政府部门构成的"官民协议体"	国际物流全球供应链过程督查官民协议体
2013—2017	①基础梳理，补短培优；②为应对国际供应链深化、地球环境问题，确保安全、安心物流的框架，物流发展要面向支撑产业活动和国民生活的效率化物流发展，朝着实现国内外最适物流发展；③物流发展要进一步降低环境负荷，推进具有优越环境性能的自动车辆的导入；④强化物流的灾害应对对策，切实有效维护物流社会资本；⑤将防范海盗纳入物流安全运输体系	优质发展应急物流物流安全
2017—2021	①提升供应链整体竞争力；②提升物流的透明化和效率化，增强物流服务价值和物流增加值；③应急物流，对灾害等风险以及地球环境问题的可持续物流的构筑，地球环境问题准备；④物流技术革命，无人车、无人机应用；⑤物流人才问题	供应链建设物流增加值多式联运区域物流应急物流物流技术物流人才
2021—2025	①推进物流标准化，优化整个供应链，推进物流数字化、自动化、机械化；②限定物流员工工作时间，整顿劳动环境，推进农林水产品、食品等的流通合理化，解决农村偏远地区的最后一英里配送，加强物流宣传；③构筑具有韧性和可持续性的物流网络，实现强而柔软的物流，构筑在传染病和大规模灾害等紧急情况下也能发挥作用的强韧且可持续的物流网络	物流标准化物流数字化农产品物流农村物流物流的韧性物流的柔性

注：表中资料源自日本国土交通省网站。

纵观日本连续 7 轮 28 年间的《综合物流施政大纲》，显示日本政府对物流业发展的一贯高度重视，具有政策的连续性、递进性和超前性，施政大纲一直在引领物流业的发展。

3.3.2 对物流业经营的依规管理

日本政府除了持续修订实施《综合物流施政大纲》，也在制定完善配套的政策、法律和规范。纵观日本的物流立法，起始于 20 世纪 60 年代中期制定的《流通业务城市街道整备法》，而后陆续出台了《中小企业流通业务效率化促进法》（即《物流效率化法》）、《货物汽车运输事业法》和《货物运输经营事业法》等，这些政策法律对日本物流业的快速发展有着巨大的支持作用。

为强调各类食品的安全性，日本政府于 2003 年制定了《食品安全基本法》，规范了食品从"农田到餐桌"的全过程管理。在东日本大地震之后，日本政府深刻认识到应急物流的重要性。通过总结突发公共事件中产生的应急物流问题，日本政府逐步形成以"政府为主、政企协同为辅"的应急物流管理体系。

2017 年，日本制定的《冷藏包裹的陆路运输规范》，对冷链货物的陆路运输和转运过程中的温度控制制定了规范流程和控制指标。《冷链物流服务的组织要求》是一种行业规范，对经营冷链业务的仓库企业和运输公司提出了服务规范运作要求。由于日本资源采供着眼于全球，其服务标准须与国际对接。日本冷链物流标准广泛采用了英国标准，这有利于与国际相关标准的对接。此外，由于日本与东盟国家有着经济上的密切联系，因此专门制定了东盟—日本冷链物流准则、分销设备的推广措施等推动海外市场发展，结合东盟国家冷链物流的水平和特点，建设基础设施、仓储企业、运输公司和政府部门等构成的物流系统。

日本政府不断完善与物流相关的各种法律和政策，既包括综合性的法律政策，也包括具体不同层面的法律政策，如网络信息技术方面的《日本高度信息网络社会形成基本法》等，通过这些完善的法律政策来支撑物流业发展，从而保障物流业的快速与平稳发展。

综上可以看出，日本的物流发展具有以下特点：一是政府发挥对物流发展的主导作用，日本的政治体制与我国有相似性，同属于大陆法系，政府可以对经济的发展进行较大的干预。二是日本立法和规划注重细节，这一点主要表现在对物流节点的规制上。每一个车站、包装集散站、仓库都受到了很好的管理和监督，小到公交车站，大到国际港口，通过对细节的管理和从点到面的运作方式对整个物流系统进行规划和监督。同时为了更好地通过节点来组织各种物流活动，日本政府通过了大量的立法，明确规定了货车场、配送中心、大型商业网点等物流终端相关的规划和设计。三是加强了交通运输业的立法。改变了汽车运输行业的行政许可制度。鼓励竞争，放开管制的政策刺激了物流行业的发展，日本政府通过放宽物流的管制，使得联运的业务市场也得到了拓展。四是决心发展绿色物流。试图通过提高物流效率来减少对环境的影响。

3.3.3 以海运物流带动相关产业

日本作为经济贸易大国，在其狭窄的 37.8 万平方公里陆地上生活着 1.2 亿人，GDP 4.26 万亿美元，经济总量位居世界第三位。日本也是海运需求大国，大量资源需要进口、制成品需要出口。"确保海上运输线的安全是日本人民生存的最低需要"已成为日本社会的共识。因此，日本致力于确保贸易物资安全运输的手段；确保海上运输安全、环保；保持船舶、海运相关产业的核心竞争能力；确保能够应对紧急状况；确保在海运有关国际规则方面的话语权。

日本海运物流具有较强的竞争性。首先是其海运船队规模庞大、结构合理。海运船队规模长期位于世界前列。长期以来，日本的干散货船、液体散货船和集装箱船均居世界前列，特种船、杂货船稳居世界第一位。日本拥有以 MOL（商船三井）、NYK（日本邮船）和 K-LINE（川崎汽船）为代表的具有国际竞争力的海运物流企业，在液体散货、干散货、LNG 等资源物资运输上具有很强的国际竞争力，有效保证了日本资源类物资运输的需要。

日本利用发达的海运物流能力，积极建立海运产业链，有效提高了整体竞争力。海运企业、造船企业、大型货主和金融企业等形成上下游产业链，互为客户和服务商，按照保本微利原则，与大货主签订 COA（包运合同），并依此与船厂签订造船订单，金融机构提供信贷。这一财团内部协调机制既保障了货物的运输，海运企业也获得了基本收益保障，实现了利益相关者合作共赢。通过产业政策扶持海运发展，针对海运业散、弱和竞争无序的状况，日本政府公布实施《关于海运业的重建整备临时措施法》，推出鼓励政策。这些政策为海运业的发展壮大创造了条件。

3.4　国际物流强国建设的经验借鉴和启示

物流强国建设是一个风向标，它既代表一个国家的物质文明、社会文化、综合实力达到一定的高度，也代表这个国家对未来发展的美好预期。美国、欧盟和日本作为世界发达经济体，在物流强国建设领域积累了诸多经验，值得我们去借鉴。

3.4.1　主要经验

（1）立标准，推规划，强法治。

物流强国涉及多个节点的协同，从产品的生产、采购、运输、仓储、配送，到质量的监管、问题的溯源、争端的裁定等环节都需要标准的支撑。加强标准的研发和体系建设是物流强国建设的重要起点和发展基石，需要政府部门和国家级行业组织予以高度重视。物流业发展规划是引领该行业高质量可持续发展的实施蓝图，其明确的指导思想、基本原则、重点任务和实施路径反映着时代发展的诉求，它是一个系统工程，需要国家相关部门予以持续推进，环环紧扣、无缝对接。物流领域的法律、法规和制度体系建设水平是衡量一个经济体物流运营和管理程度的有力标志，也是判定物流行业能否立足标准、实施规划、健康发展的仲裁标尺，是匡正物流载体发展航向的路标指南，依法治理物流行业具有科学性和紧迫性。

（2）抓创新，重联运，降成本。

物流强国建设需要先进的技术体系支撑，需要加大科技创新的力度，用一流的物流体系、物流技术、物流设施、物流设备、物流平台支撑物流产业发展。创新发展永无止境，必须随着物流环境、国家贸易环境的变化而推陈出新。由于物流的运输方式各有所长，需要密切配合才能实现方案的优化，因此多式联运得到了众多发达经济体的推广应用。根据物品的形态、用户的时间要求、运输方式的分布等，合理确定联运方案，多种运输方式的协同合作增强了物流建设的硬核力量，也是降本增效的有效途径。物流成本问题是衡量一个经济体物流绩效的一项重要指标，西方发达国家的物流成本多年来由于多式联运和精益管理等原因，其物流成本明显低于我国，这也是物流行业着力降本增效的动力所在、压力所在。

（3）倡绿色，优服务，提效率。

绿色低碳是构建高水平人类生命共同体的基石，也是每个国家或经济体对国际大家庭和谐发展应尽的义务，更是物流行业运输、仓储环节应高度关注的问题。对比美国、欧盟和日本，欧盟国家对绿色低碳更加重视，在物流运营体系中对低碳指标予以分解，作为约束性任务予以落实，甚至在航运领域提出碳排放税的征收问题，足以显示对绿色物流的倡导。物流作为现代服务业的重要组成，必须推行优质服务。优质服务不仅停留在表面的待人接物，更重要的是内涵质量，在联运对接的各个环节，在流通加工的各个流程中，在物流金融、物流保险的环境保障中，均需提供优质的服务，这样的物流业才是强大的。效率是物流目标的主要体现，只有快速响应才能满足用户的需求，效率与质量要密切联系在一起，用一流的质量、一流的服务托起的一流效率才能形成一流的经济效益、社会效益和生态效益。

3.4.2　主要启示

（1）物流强国建设需要政府、市场和社会的协同配合。

从西方发达国家物流业发展的历程来看，其强大的物流体系得益于政府的宏观谋划、顶层设计和政策调控，尤其是交通运输领域重大基础设施的规划和建设，必须通过政府的统筹协调；物流信息化、智能化、标准化和现代化体系建设也必须由政府去推动；国际绿色低碳化运营指标约束需要政府去协调，政府的号召力、协调力是物流强国建设的坚强后盾。在市场经济环境下，各种物流资源的整合和配置必然要遵循市场规律，降低成本、提高效率也是市场运作的根本目标，特别是物流载体的建设、运营和成长也主要是市场要素在发挥作用，因此如何把握市场规律、充分发挥市场的驱动力直接关系到物流强国建设的内涵质量。社会力量具有复杂性，既包括社会各界对物流服务的检验评价，也包括社会消费为物流业提供的潜在需求，社会舆论、社会文化、社会诉求都直接影响着物流强国建设的进程。因此，通过政府、市场和社会的协同，将极大地提升物流强国建设的力量。

（2）物流强国建设需要企业、行业和产业的通力承载。

西方发达国家物流高质量发展的历史，显示出物流园区、物流中心等重大载体对物流强国起着强大的支撑作用。无论是一座港口带动一个城市、一座机场引领一座城市，还是一个枢纽驱动一座城市，都需要一流的物流企业去运营。强大的市场机制，集聚了物流强国建设的发展要素，持续创新物流业运营和管理的体制机制，扩大了物流业的辐射力和影响力。物流行业协会在物流强国建设进程中发挥着特殊的桥梁和纽带作用，物流标准的制定，农产品、危化品等特殊物流运作，更需要行业协会的协调和商议。行业协会中专家云集，是推进物流强国建设的智囊机构。有了一流的物流企业和强大凝聚力的物流行业协会，必然会推动物流产业的发展和壮大。通过物流产业与现代制造业、现代农业和其他服务业的融合发展，将有效承载物流强国建设的"四梁八柱"。

（3）物流强国建设需要设施、装备和网络的联合支撑。

西方发达国家现代物流业的腾飞依赖于新一代信息技术、物联网、车联网等信息网络，以及实体高速公路网络。现代化的港口、码头、车站、机场为物流方式的联合运输提供了便利，物流装备的标准化支撑了多式联运的快捷化和便利化。现代化的仓储设施是一座强大的蓄水池，支撑着物流空间效应和时间效应的发挥。节点设施+物流装备+虚实网络构成了物流业现代化发展模式的主要支撑，也是现代物流供应链运作的保障因素。因此，物流强国建设必须依靠一流的设施、一流的装备和完善的网络。发挥各方优势，将物流业的硬件环境夯实、将软环境做优，这才是物流强国建设的最强支撑。

3.5 本章小结

剖析美国的物流强国建设案例，得出其贵在以规划引领，重视推政府规制以及塑优势特色；分析欧盟的物流强国建设案例，认为其重在激励铁海（水）联运，重视通道+节点，并着力推进低碳运作；研究日本的物流强国建设案例，发现其特点在于重视连续滚动编制施政大纲，对物流业经营的依规管理和以海运物流带动相关产业。它们的主要经验在于善于立标准、推规划、强法治，抓创新、重联运、降成本，以及倡绿色、优服务、提效率。从中得到的主要启示在于物流强国建设需要政府、市场和社会的协同配合；物流强国建设需要企业、行业和产业的通力承载以及需要设施、装备和网络的联合支撑。

4 物流强国的建设动力

通过物流强国建设动力研究，探究物流强国主力之源。物流产业的基础性、战略性和先导性地位，决定了物流强国系统重大工程的建设需要政府力量的主导。在社会主义市场经济环境下，物流业务的运作必须依靠市场力量，利用市场机制调配资源，考虑到建营密切关联的规律，市场力量的主体地位必须捍卫。由于物流作为复合型产业，与经济社会的方方面面深度关联，处于政府和市场之间的社会力量也必须加以重视。物流强国的高质量建设必须拥有强大的内外合力联动，包括政府的推动、市场的驱动和社会的拉动，各种力量相向而行，聚焦共同的目标、持续优化改善、形成稳定的结构，支撑物流服务水平的提升。

4.1 建设动力结构

4.1.1 总体构成

物流强国的高效建设、运营和发展一方面需要稳定的动力源支撑；另一方面需要对运营和发展过程进行有效的控制。为了厘清动力指标体系，本研究从实证分析和系统动力学分析两个视角，分别构建物流强国的动力指标体系和系统动力学模型，以便对物流强国建设进程的判断。在此基础上构建物流强国建设评价指标体系及其模型，有利于对其建设过程进行科学调控。物流强国建设动力构成如图4-1所示。

在数字技术、大数据、云计算和5G网络综合支撑的大背景下，物流强国建设进一步呈现巨大活力，建设动力更加强劲。总体分析，其建设动力主要来自三大方面：一是政府宏观政策调控的推动力；二是物流产业转型升级的

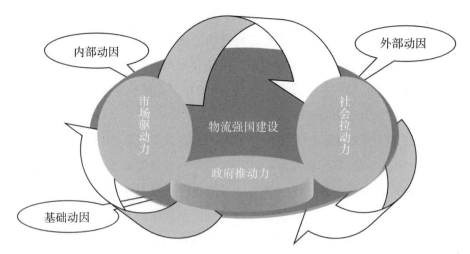

图 4-1　物流强国建设动力构成

市场驱动力；三是物流强国建设的社会拉动力。在建设动因中，政府推动力是基础动因、市场驱动力是内部动因、社会拉动力是外部动因，三者相互作用，推动了物流强国的高质量建设。

4.1.2　理论假设

在学术研究中，常常会遇到一些无法直接观测但又需要深入探讨的问题，这时，可借助结构方程理论和方法来解决问题。结构方程模型作为一种常用的分析验证方法，其基本原理是将所研究的不能直接观测的问题作为潜变量，然后借助一些可测变量剖析论证这些潜变量，进而建立相关结构关系。进一步说，这种方法就是从一种假设的命题架构入手，然后通过专家论点、数据采集、梳理、挖掘、推理和论证，去验证假设的命题结论的可靠度。这里将采用结构方程理论，展开对物流强国建设动力的探索。

通过既有的研究、专家座谈和社会调研，遴选出政府推动力、市场驱动力和社会拉动力3个领域，并设计出8个潜变量、25个可测变量，现验证推理如下。

（1）政府推动力。

政府在物流强国建设进程中具有主导作用。物流强国首先需要强大的物流基础设施的规划和建设，公路、铁路、港口、码头、机场、管道设施以及仓储设施的用地规划等，都需要依靠政府的力量去主导谋划和推进。物流强国的信息流需要畅通的通信传输网络。网络技术的研发、布局和运营，天网的卫星、地网的基站、有线的管网、无线的管控，都依赖政府的运筹和决策。因此，政府推动力是物流强国建设的主导因素。

政府推动力是物流强国建设的最核心力量。政府根据国内、国际经济形势的发展变化，调控着国民经济和社会发展规划的制定和实施。物流业作为基础性、战略性和先导性产业，其总体发展进程必然要接受政府的指导。从协助人大的物流业立法，到物流业发展宏观调控政策的制定，以及物流行政法规条例的贯彻落实，政府始终扮演着核心角色。政府作为物流运行数据的全面掌控者，对物流业发展的顶层架构具有规划权、决策权和仲裁权；对重大物流装备、核心物流技术的立项研发具有审批和监督权；若遇疫情、天灾等特殊情况，对应急物流体系的启动和处理具有决策权；等等。这些都表明政府的推动力决定着物流强国建设的走向和进程。

政府推动力贯穿多个环节，但最主要体现在三个方面：一是依托人大立法，以法律条文为核心的法治匡正力；二是以政府宏观政策体系为主体的政策调控力；三是以部门规章等为主导的规章助推力。

因此，本书假设如下。

H_1：法治匡正力对物流强国建设具有正相关影响；

H_2：政策调控力对物流强国建设具有正相关影响；

H_3：规章助推力对物流强国建设具有正相关影响。

（2）市场驱动力。

市场对物流资源的配置具有决定性作用。尽管物流业属于基础性产业，但是物流行业的经营运作必须遵循市场规律，遵从中国特色社会主义市场经济体制的约束。物流枢纽、物流园区、配送中心、物流设备、物流金融等环节，在建设和运作过程中都需要遵循市场规律，由市场机制决定建设、运营、投入、产出以及利益分配等事宜。随着数字技术在商贸流通领域的广泛应用，电商物流扮演的角色越来越重要，农村物流、农产品物流的作用日益凸显，农村、农产品物流市场的开发作为乡村振兴战略的重要支点，也必须依靠市场的力量来汇聚各种资源要素。尤其是新时代国际经济政治环境的风云多变，国内经济大循环成为主体，东、中、西部经济发展梯次相互支撑，在协调发展的前提下，要推进高质量、可持续发展，更应依赖市场机制，发挥市场的调配作用。因此，市场驱动力是物流强国建设的主体力量。

如今，地方政府和众多大中型物流企业都已领悟到物流强国建设在驱动区域经济发展和融入新发展格局中的重要意义，物流平台、物流企业等载体的硬件和软件的双投入日益加强，物流枢纽、物流园区的集聚力更加强大，物流强国建设过程中的市场机制日益完善。

市场驱动力作为物流强国建设的内部驱动力，主要体现在两个方面：一是物流强国建设过程中物流平台、企业等载体的硬件建设及投入产出状况，包括枢纽节点基础设施建设的投入产出，物流园区、配送中心、末端站点设备的投入产出，运输、仓储、信息等网络运行及监控系统的投入产出；二是物流平台、企业等载体的软件建设及投入产出状况，包括人员技能培训的投入产出、信息挖掘利用的投入产出、企业文化建设的投入产出等。

因此，本书假设如下。

H_4：物流平台、企业等载体的硬件建设及投入产出状况对物流强国建设具有正相关影响；

H_5：物流平台、企业等载体的软件建设及投入产出状况对物流强国建设具有正相关影响。

（3）社会拉动力。

物流强国建设关系到全民的利益，需要社会大环境的支撑。西方发达国家物流业高水平发展的历程显示，强大的物流体系需要城乡社会的综合支持，如配送车辆在城区的出入管理、末端自动提货柜的精心维护、共同配送的最终客户配合等，都与社会劳动的需求以及社会文化的浸染密切相关。物流强国建设首先需要推进物流强省、物流强市、物流强县建设，由上而下、由下而上要相互交融。一方面社会环境、社会力量为物流强国建设提供了优秀的发展环境，另一方面物流强国建设诉求要求社会环境、社会力量与之配套。

社会拉动力作为物流强国建设的巨大外部动力，主要体现在三个方面：一是社会分工进一步细化的拉力，包括核心竞争力地位的塑造和强化、工作绩效在经济社会竞争中的充分运用、产业发展诉求要求人们进一步强化专业化管理；二是社会文化相互融合引领的拉力，包括倡导多式联运、提倡共同配送、做强供应链体系；三是社会设施逐步完善的拉力，包括物流信息共享、交通设施通达、自助存取终端的普及等。

因此，本书假设如下。

H_6：社会分工细化的拉力对物流强国建设具有正相关影响；

H_7：社会文化引领的拉力对物流强国建设具有正相关影响；

H_8：社会设施完善的拉力对物流强国建设具有正相关影响。

综上分析，可以建立物流强国建设动力指标体系理论模型，如图4-2所示。

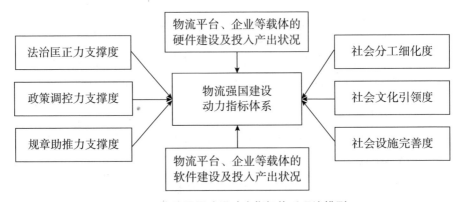

图4-2 物流强国建设动力指标体系理论模型

4.1.3 实证分析

（1）量表设计。

在图4-2的理论模型中，研究变量均为潜变量。为便于直接测度，在充分调研的基础上选择了相应的观测变量。为综合考虑数据来源的信度、效度和可得度，展开相关问卷的谋划和设计。在初始问卷形成后，首先思考数据采集的样本空间，考虑到近几年物流枢纽建设的国家战略实施，这个领域的人群对物流强国建设的理论和实践最为熟知，不妨在该领域随机抽取人员进行测试，再根据相关反馈意见和建议进行问卷修正。本研究的计分方式是李克特（Likert）五级量表法，"5"表示非常重要，"4"表示重要，"3"表示一般，"2"表示不重要，"1"表示非常不重要。各潜变量的测量维度如表 4-1 所示。

表 4-1　　　　　　　　　　　　各潜变量的测量维度

潜变量	可测变量	潜变量	可测变量
A：法治匡正力支撑度	A_1：依法建设 A_2：依法运营 A_3：依法治理	E：物流平台、企业等载体的软件建设及投入产出状况	E_1：物流人员培训投入 E_2：物流信息挖掘投入 E_3：物流标准建设投入
B：政策调控力支撑度	B_1：明确指导思想 B_2：厘定发展目标 B_3：明晰发展维度	F：社会分工细化度	F_1：非核心业务的外包 F_2：第三方物流的强化 F_3：专业物流的降本增效
C：规章助推力支撑度	C_1：细化发展任务 C_2：制定实施路径 C_3：明确发展措施 C_4：落实实施保障	G：社会文化引领度	G_1：倡导多式联运 G_2：提倡共同配送 G_3：做强供应链体系
D：物流平台、企业等载体的硬件建设及投入产出状况	D_1：节点基础设施投入 D_2：企业物流设备投入 D_3：物流网络建设投入	I：社会设施完善度	I_1：物流信息共享 I_2：交通设施通达 I_3：自助终端普及

（2）数据收集。

为保证数据的准确性，本调查分别于 2021 年 7—8 月和 2021 年 10—11 月，两次选择物流枢纽建设城市宁波，按区域和重点单位进行了问卷调查（调查问卷见附录）。共发放问卷 892 份（第一次发放 535 份，第二次发放 357 份），收回 821 份（第一次收回 487 份，第二次收回 334 份），问卷回收率为 92.04%。经验收检查，发现填写不合规范、数值失真的问卷 51 份（第一次无效 39 份，第二次无效 12 份），有效试卷 770 份，有效率 93.79%，其有效问卷数目能够完全满足结构方程模型的相关要求。表 4-2 为调查对象的基本特征。

表 4-2　　　　　　　　　　调查对象的基本特征

类型	选项	人数（人）	比例（%）	类型	选项	人数（人）	比例（%）
性别	男	337	43.77	婚姻状态	已婚	554	71.95
	女	433	56.23		未婚	216	28.05
年龄	16~30 周岁	254	32.99	区域	城市核心区	164	21.30
	31~45 周岁	276	35.84		城市核心毗邻区	192	24.94
	46~60 周岁	163	21.17		城市郊区	198	25.71
	61 周岁及以上	77	10.00		乡村区域	216	28.05
身份	在校学生	167	21.69	学历	初中及以下	207	26.88
	社会居民	86	11.17		高中或中专	272	35.32
	企事业员工	412	53.51		大学	219	28.44
	公务人员	105	13.64		硕士研究生及以上	72	9.35
行业	物流服务业	169	21.95	部门	生产	197	25.59
	其他服务业	206	26.75		管理	175	22.73
	制造加工业	185	24.03		营销	67	8.70
	建筑业	32	4.16		研发	39	5.06
	其他	178	23.12		其他	292	37.92
职别	经营管理者	213	27.66	认知	非常了解	169	21.95
	干部	124	16.10		比较了解	432	56.10
	工人	180	23.38		不了解	52	6.75
	其他	253	32.86		其他	117	15.19

（3）效度和信度检验。

物流强国建设动力指标体系，其科学性直接关联着物流强国的建设绩效，进而关联着城乡居民的工作和生活，因此，居民的态度和意见是物流强国建设动力标准的最佳检验试金石。这里，将采用 α 信度系数法（Cronbach α）来检验命题结论的信度，其基本判断约束为，$\alpha \geq 0.7$ 时，表示信度较高，结论可以认可，否则需要进一步校正。其推理论证过程借助 SPSS 17.0 软件，对数据的内部一致性进行计算，其运算结果如表 4-3 所示。由于总量表和分量表的 α 值均在 0.7 以上，显示本次调查问卷具有可靠性。

表 4-3　　　　　　　　　　　　问卷信度检验结果

检验项目	总量表	分量表							
		法治匡正力支撑度	政策调控力支撑度	规章助推力支撑度	物流平台、企业等载体的硬件建设及投入产出状况	物流平台、企业等载体的软件建设及投入产出状况	社会分工细化度	社会文化引领度	社会设施完善度
包含问项	25	3	3	4	3	3	3	3	3
Cronbach α	0.773	0.713	0.736	0.759	0.722	0.751	0.782	0.738	0.756

本研究运用 SPSS 17.0 对量表进行因子分析，量表整体 KMO 值为 0.783，明显大于 0.7，再进行 Bartlett 球形检验，在 $P = 0.000$ 的水平上显著，这代表本研究的问卷适合因子分析。本研究设置特征值大于 1、因子负荷小于 0.5 的约束条件，修正不恰当观测变量，进一步展开因子分析，由于每个观测变量的因子载荷均已大于 0.5，这代表本问卷及其量表具有比较高的结构效度。

利用 AMOS 6.0 软件，根据调研数值，可绘出物流强国建设动力指标体系的结构方程，如图 4-3 所示。

4.1.4 主要结论

实证结果显示，表中的 8 个潜变量和 25 个可测变量均与物流强国建设动力密切相关，在物流强国建设过程中应引起政府、物流企业和社会监督管理部门的高度重视。

（1）物流强国建设必须倚重政府推动。

物流强国建设涉及面广、动用的资源规模庞大，尤其是高速公路、高速铁路、机场、港口、码头等重大物流基础设施的建设，有赖于中央财政、地方财政的大量投入。在中国特色社会主义市场经济环境下，物流强国建设必须依法推进，物流业的规划需要政府主导，发展目标、重点领域、主要任务、实施路径和保障措施都需要政府部门尤其是基层政府的协调落实。物流枢纽、

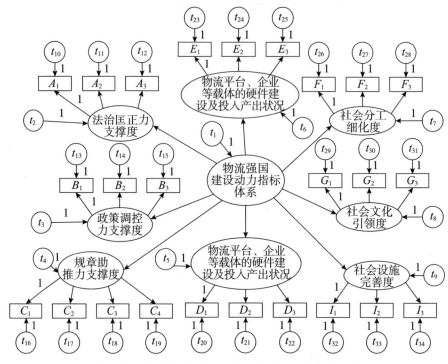

图4-3 物流强国建设动力指标体系的结构方程示意

物流园区作为物流业发展进程中的强大物流载体，尽管需要大型物流企业去运作，但规划建设过程绝对离不开政府的指导和参与。因此物流强国建设必须充分发挥各级政府部门的领导及推动作用。

（2）物流强国建设必须依靠市场机制的驱动。

物流业的成效取决于该行业内龙头企业的运作模式、经营规模和综合竞争力，物流强国的建设仍然依靠大型物流企业的支撑。在现代信息社会，互联网云平台提供了一个巨大的空间，支撑了克里斯·安德森（Chris Anderson）笔下"长尾理论"①的发展。全球供应链已经发展到了"无尺度"阶段，可以为小众和大众同时提供服务。在这个阶段，没有什么可以阻挡制造和享用产品的步伐，人民才是生产资料的控制者。在生产、消费的个性化快速演进

———————————

① 长尾（The Long Tail）这一概念由《连线》杂志主编 Chris Anderson 在 2004 年 10 月的《长尾》一文中最早提出，用来描述诸如亚马逊和 Netflix 之类网站的商业和经济模式。

的时代，只有企业才能把握市场的脉搏，随着市场的波动而调整相应的战略。现如今，物流强国建设力量的细胞是企业，企业只有持续加大硬件投入，着力实施信息化更新，积极强化人员技能储备，培育一流的员工队伍和塑造领先的物流供应链等，才能壮大物流产业，迈上物流强国的康庄大道。

（3）物流强国的高质量发展必须依赖社会环境的支撑。

环境是成就事物的无声力量，物流强国的建设更离不开相应的城乡社会环境。在现代社会，人们常常念起的关键词是电子商务、移动互联网和工业4.0，这三者之间的关系有人解释为，电子商务解决的是如何更好地消费；移动互联网解决的是如何与消费者之间更好地连接；工业4.0解决的是如何更好地生产。但是如果没有强大物流体系的支撑，这些美好的愿望都是泡影。因为强大的物流系统才是真正连接生产者、消费者和虚拟平台的纽带。在当前，有人认为创客时代是一种精神、一种文化、一种实践。如果将创客思维纳入物流强国系统，那就要强化物流业的个性化服务，营造多式联运、共同配送的文化氛围，推崇公共物流设施的维护、完善和更新，支持社会分工的细化和工作的专业化，不断为物流强国系统提出建议和要求，进而拉动物流强国建设。

4.2　建设动力关联

在 4.1 节，利用结构方程模型验证了物流强国建设的动力主要来自三个方面，一是政府推动力；二是市场驱动力；三是社会拉动力。现在将借助系统动力学原理进一步深化对物流强国建设动力的分析。

4.2.1　基本动力变量

根据 4.1 节的研究基础，可以看出物流强国建设系统的基本动力变量为政府调控推动水平、市场机制驱动水平和社会环境拉动水平三个类别。

（1）政府调控推动水平。

物流强国建设系统作为现代化强国建设大系统下的一个子系统，既需要与现代化强国其他子系统共享的法治环境，如宪法、对外贸易法、道路交通安全法等;也需要加大物流领域法治建设,推进立法进程;更需要在物流领域加大政策倾斜,补齐发展短板,形成法律、法规和规章相互支撑的政策调控体系。尤其是通过政府投入人力、物力的科学调控,推动物流强国的建设进程和建设质量。因此,政府调控投入的累积量是增加物流强国建设绩效的一个最基本的水平变量。

该水平变量与现代化强国大环境以及物流业建设系统的基础支撑密切相关。如果现代化强国建设大步推进,各个行业、各个区域的法治体系必将得到完善,政府的政策体系对国民经济和社会发展的调控将比较精准,物流强国建设的政府调控绩效也将更加凸显,调控的政策投入也将持续增加。

(2)市场机制驱动水平。

市场是推动物流强国建设的关键驱动力量,对资源配置起决定性作用。天下万物,有市则兴,无市则衰。在市场经济体制下,企业家的嗅觉和视野对市场的发展非常敏感,如果物流强国建设项目没有市场运作和发展潜力,其资金投入就不会向这个领域流动。一旦他们认准了这个方向,就会在软硬件上齐头并进,既加强硬件建设,又强化服务质量,同时思考运行监控的流程。因此市场驱动水平的累积量是增加物流强国建设绩效的又一水平变量。

市场驱动的要核在于投入产出率的高低和降本增效的水平。随着国家物流枢纽、物流园区的科学布局,大中型物流企业载体的国际化运作,物流供应链节点高质量运作的网络体系日臻完善。现代物流服务业在国内、国际两大市场流通体系中的作用日益强大。各类物流组织的软硬件投入产出水平逐步提升,物流强国的建设绩效在市场机制的驱动下随之提高。

(3)社会环境拉动水平。

社会环境是决定物流强国建设系统高质量推进的保障力量。物流产业作为基础性产业,与城乡居民和区域经济社会的发展密切相关。其发展历程充分显示,物流业的壮大得益于制造业核心竞争力意识的强化和非核心业务的外包。物流强国系统需要现代产业演进及社会分工、现代经济发展的支撑,只有产业、经济的发展成为气候,与物流强国相称的社会文化自然会应运而生,核心竞争力的追求、供应链的构建以及生活的集聚都有利于社会文化的进步、有利于智慧生活的营造,进而有利于物流强国系统的辐射带动和物流强国建设绩效的增长。所以，社会环境拉动的累积量是物流强国建设绩效提升的一个重要水平变量。

随着经济社会的发展，公共服务水平随之提升，成果共享的理念深入人心。多式联运、共同配送、智慧配送、创意配送等模式进一步服务于经济社会发展和居民生活，这必然促进物流强国建设绩效的增加。

4.2.2 建设动力指标

在物流强国建设的动力指标体系中，政府推动力是引领，市场驱动力是关键，社会拉动力是保障，三者之间具有深度的关联互动，共同支撑物流强国建设绩效的提升。

在政府推动力方面，其核心指标主要体现在法治支撑度、政策支撑度和规章支撑度三个领域。首先，作为新时代的物流强国建设，必然着力推进依法治理。物流业发展需要严格接受国家宪法的约束，这是立足、发展和强大的根本。其行业领域的专业法律，如邮政领域、贸易领域、交通领域、电商领域的法律条文已经发布实施，物流服务专项法律亟待加速论证和出台，这样才有利于物流行业的法治化、规范化、制度化。随着物流领域法治体系得到完善，将形成支撑和展现物流强国建设法治支撑度的重要抓手，也构成了评判建设质量高低的法律标准。其次，政府推动的常用方式就是政策调控，这是中国特色社会主义建设过程中的最得力工具。政策调控的重要手段是规划引领，物流业产业发展规划是一种重要路径；物流金融、物流用地、物流人才、物流装备等物流要素的政策体系建设是提升物流政策支撑度的重要砝码；物流平台网络的全国一盘棋谋划，启动国家级物流枢纽城市建设工程，推进国家级物流园区示范项目，遴选国家级临空经济示范区等，都显示出政府的高度调控能力。最后，政府推动的另一种方式是部门规章的制定和实施。国家法律和政策的实施往往是通过中央政府和地方政府制定的实施条例和落地方案等方式予以推进的，如实施《快递暂行条例》，"海外仓""保税仓"管理制度，无水港的建设与管理办法，冷链物流运营与管理规范，以及危化品物流安全管理条例等，这些部门或行业规章、规范、标准的制定和实施将有效增强物流规章的支撑度。

在市场驱动力方面，其关键动力指标主要体现在硬件投入产出率、软件投入产出率和资源整合度三个领域。首先，物流强国建设必须倚重基础设施、基本设备为代表的硬件建设及其投入产出水平。公路、铁路、机场、港口、管道等陆海空立体物流运输网络的密度及其投入产出率关系到整个物流业的降本增效，是市场驱动成效的重要衡量指标。公运枢纽、铁运枢纽、空港枢纽、海港枢纽、商贸枢纽、边境口岸枢纽、生产服务型物流枢纽的建设水平以及与之对接的各级物流节点硬件建设状况及其投入产出率，既是物流产业集聚能力的体现，也是衡量市场驱动物流强国建设水平的一杆重要标尺。在数字技术环境下，网络平台、电子商务、供应链金融、单一窗口等一系列平台硬件建设及其投入产出率也是市场驱动的重要力量展示。其次，物流强国建设的市场驱动力还必须观测物流系统的软件开发能力及其投入产出率，物流产业的质量标准、服务标准、运营标准和管理标准的制定及其投入产出衡量着物流业市场的稳定性、规范性和可持续发展能力，物流信息的挖掘和共享水平也是物流市场驱动的有效展示。最后，物流领域的资源整合度也是物流强国建设的象征性指标，尤其是协同决策、联合投入、红利共享和风险共控等环节在一定程度上代表着市场驱动的走向，彰显了物流市场资源整合的水平。

在社会拉动力方面，其特征动力指标主要体现在分工细化度、文化引领度和设施完善度三个方面。首先，社会分工的细化有利于企业核心竞争力的打造和非核心业务的外包，尤其是第三方物流业成长规模的壮大，这将极大地拉动物流强国建设。分工的细化还将强化物流服务的快速响应机制，深化物流业降本增效的探索，因此，分工细化度强化了物流强国系统的社会拉动力。其次，在全社会塑造一种现代化物流强国建设的文化，如多式联运理念、共同配送意识和供应链管理观念等。文化具有强大的拉动力，是左右社会舆论走向的内涵力量。最后，社会公共设施的完善度，尤其是末端的配送能力和效率更能显示物流服务水平。在城乡消费的末端，如网格化设施、信息化设施和宜人化终端的完善程度直接显示了对物流强国建设体系的社会拉动程度。

4.2.3 建设动力模型

为了进一步厘清物流强国建设动力之间的互动关系,本书借助系统动力学原理,构建物流强国建设动力指标的关联模型以及物流强国系统的建设动力学模型,有利于政府部门、物流企业、消费用户和社会各个环节都能够突出重点,掌控关键环节。

借助系统动力学的建模软件 Vensim 5.9c,梳理物流强国系统建设动力变量之间的一系列动力因果关系,如果以物流强国建设系统各关联要素为系统观测指标,则可绘制出物流强国建设动力变量指标的关联,如图 4-4 所示。

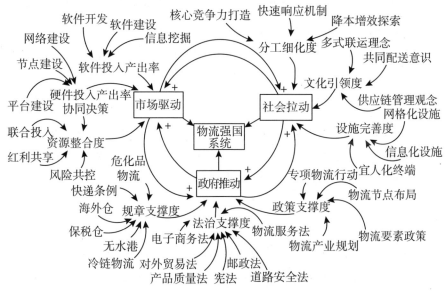

图 4-4 物流强国建设动力变量指标的关联

4.3 物流强国建设动力系统的成熟度

4.3.1 基本概念

物流强国建设作为新格局下的一项重要发展战略,其建设动力研究以及绩效提升尚在探索阶段,为了科学把握物流强国建设体系的建设前景,有必要对建设系统的成熟度展开深入讨论。

关于系统建设或发展成熟度的研究，人们可以从不同的视角组建体系，如吴焕新（2008）在多视角观察研究对象的基础上，试用子系统来组建系统成熟度评价指标体系。刘海明等（2010）利用灰色关联度法建立了系统成熟度评价模型。目前，应用较多的方法还是以美国卡内基·梅隆大学软件工程研究所（CMU-SEI）构建的 The Capability Maturity Model（CMM）软件能力成熟度模型为基础而发展得到的，闫秀霞等（2005）以此为基础构建了物流能力成熟度模型，刘明菲和汪义军（2006）构建了供应链环境下的物流服务能力成熟度模型，吴隽等（2009）构建了第三方物流企业的服务能力成熟度模型，谢刚等（2015）建立了客户关系管理系统信息质量管理成熟度等级模型，朱一青（2019）构建了城市智慧配送体系发展成熟度模型，朱耿（2020）对物联网技术支撑的末端创意配送服务能力的成熟度进行了评价。但由于物流强国建设系统构建刚刚起步，关于物流强国建设动力系统成熟度模型的构建问题鲜有研究，这也是本书的着墨点。

物流强国建设动力系统成熟度研究旨在通过科学遴选一套衡量指标体系，对物流强国建设动力进行比较、评价，并使建设动力逐步改善、提升，达到更高的成熟度，形成更具特色的物流强国建设动力系统。

4.3.2 指标体系

物流强国建设动力系统成熟度的衡量指标主要包括：第一是政府政策的支持引领，部门规章的执行实施，物流基础设施的网络建设；第二是物流行业标准的制定实施，物流硬件投入产出率的提高，物流软件开发应用能力的增强；第三是物流节点网络建设完善提升，社会分工更加细化，物流平台建设效益凸显，专业物流规模效益逐步显现；第四是物流建设节点间的决策趋于协同，物流资源的整合度日益提升，物流信息的挖掘共享持续增强；第五是物流领域的法治体系趋于完善，依法治理能力逐步提升，社会文化更加积极向上，物流终端的公共社会设施更加完善。这些指标将分布在物流强国建设动力成熟度的五个层级中，1级为初始级、2级为基本级、3级为定义级、4级为管理级、5级为优化级。如图4-5所示。

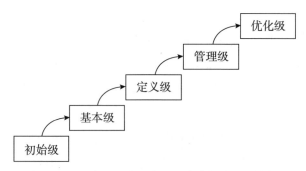

图 4-5　物流强国建设动力系统成熟度层级模型

其内涵可诠释如下。

（1）初始级。

物流强国建设动力系统创建初期，政府政策的支持引领效力逐步发挥，部门规章的执行实施逐步加强，物流基础设施的网络建设进一步完善。物流强国的建设动力正在由物流大国向物流强国思维转变，但建设动力常常呈上下波动状态。

（2）基本级。

物流强国建设的动力支撑开始形成，物流行业标准在加快制定和应用实施，物流硬件的投入产出率逐步提高，物流软件开发应用能力明显增强，物流强国建设动力系统走向稳定。

（3）定义级。

物流强国建设系统中各物流节点网络建设进一步完善提升，社会分工进一步细化，第三方物流企业的规模效益逐步显现，物流平台建设效益逐步凸显，专业物流的服务能力迅速提升，物流强国建设动力系统得到社会各界的充分认同。

（4）管理级。

有效管理是推进物流强国建设的重要保障。在物流强国建设系统中，各物流平台建设间的规划布局更加科学有序，理性竞争和高质量经营的思维方式得到加强，物流节点间协同决策，对物流资源的整合认知明显提高，物流信息的挖掘共享持续增强，物流强国建设方略受到全社会的普遍认同。

（5）优化级。

物流强国建设深入民心，物流领域的法治体系趋于完善，物流行业依法治理能力逐步提升，社会文化更加积极向上，物流终端的公共社会设施更加完善，交通运输设施的密度和畅通度提升，自助终端存取应用能力快速提升，物流强国系统逐步优化。

为了有利于上述五个级别的提升，每一个级别（初始级除外）又可分解为三个层次，即关键过程域、关键实践类和关键实践，其结构如图4-6所示。

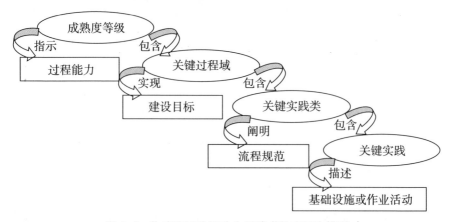

图4-6 物流强国建设动力系统成熟度层次模型

在成熟度评价模型指标体系中，以初始级为起点，后续的每项成熟度等级都包含多个关键过程域，每个关键过程域又包含多项实践类事件，每项关键实践类事件又包含多项实践活动，环环紧扣，互为支撑。这说明在物流强国建设系统中，从初始走向成熟，每一个步骤、每一个台阶都需要经历该等级规定的实践过程并达到相应的实践成效。由于该模型设计的每个关键过程域仅仅关联特定的成熟度等级，这就要求每个关键环节的实践活动需要逐步推进完成。一旦这些关键事件的实践活动全部完成，也就实现了关键过程域的建设目标，达到成熟。物流强国建设动力系统成熟度的关键过程域如图4-7所示。

4.3.3 成熟度评价模型

对于物流强国建设动力的评价，可以按上述五个等级分别测评。考虑到

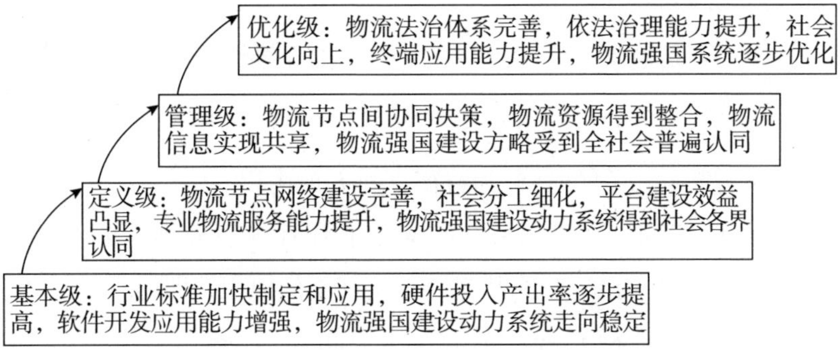

优化级：物流法治体系完善，依法治理能力提升，社会文化向上，终端应用能力提升，物流强国系统逐步优化

管理级：物流节点间协同决策，物流资源得到整合，物流信息实现共享，物流强国建设方略受到全社会普遍认同

定义级：物流节点网络建设完善，社会分工细化，平台建设效益凸显，专业物流服务能力提升，物流强国建设动力系统得到社会各界认同

基本级：行业标准加快制定和应用，硬件投入产出率逐步提高，软件开发应用能力增强，物流强国建设动力系统走向稳定

图 4-7　物流强国建设动力系统成熟度的关键过程域

物流强国建设动力的发展现状，这里不妨以基本级、定义级和管理级三个层级进行。

不失一般性意义，现给定属于 n 级服务水平的 k 个训练样本 $T = \{(x_i, y_i)\}_{i=1}^k$，其中，$x_i \in R^m$ 是第 i 个输入模式（即第 i 个物流子系统建设动力的对应评价指标），$y_i \in \{1, 2, \cdots, n\}$ 是对应的期望输出（即物流建设子系统的分类标志），这里，$n=5$。下面基于 SVM（Support Vector Machine）进行分类。由于本问题属于多类分类问题，使用 SVM 进行分类时需要有多个两类学习机，对每个样本集有 $n(n-1)/2$ 个学习机，学习过程采用"最大赢分"策略。若当前学习机训练结果表明测试样本 x 属于第 i 类物流子系统建设动力成熟度，则对第 i 类物流子系统建设动力成熟度的分数加 1，否则对第 j 类物流子系统建设动力成熟度分数加 1，最后取具有最大分数的那一类为样本 x 的物流子系统建设动力成熟度。

现对所给定训练样本构造一个分类模型。

$$f(x) = \boldsymbol{\omega}^T x - b \qquad (4-1)$$

使对未知样本 x 进行分类时的错误概率最小。

线性 SVM 由 $\omega_i = \sum_{i=1}^l \alpha_i y_i \boldsymbol{x}_i$ 给定，即：

$$f(x) = \sum_{i=1}^l \alpha_i y_i \boldsymbol{x}_i \cdot x - b \qquad (4-2)$$

其中，α_i 为 Lagrange 乘子，不为零的 α_i 对应的样本为支持向量（Support Vector，SV），b 是偏置，是 SVM 设计时需要确定的参数。式（4-2）的学习方法也可以扩展到非线性空间。

设$\varnothing$：$X \to F$ 是输入空间 X 到特征空间 F 的非线性映射，则评价模型为：

$$f(x) = \sum_{i=1}^{l} \alpha_i y_i < \varnothing(x_i), \varnothing(x) > F - b \tag{4-3}$$

其中，$< \varnothing(x_i), \varnothing(x) >$ 为特征空间 F 的内积。

对于非线性 SVM，可以用特征空间中非线性映射样本 $\varnothing(x)$ 的核函数（Kernel Function）$K(x, y)$ 来描述特征空间中的内积，即：

$$K(x, y) = < \varnothing(x), \varnothing(y) > F \tag{4-4}$$

则对于输入量 x，其评价模型为：

$$f(x) = \sum_{i \in SV} \alpha_i y_i K(x, x_i) - b \tag{4-5}$$

其中，x_i（$i \in SV$）为学习向量，SV 为支持向量集合。

参数 α_i 通过下面的二次凸规划问题求解确定：

$$\max \sum_{i=1}^{l} \alpha_i - \frac{1}{2} \sum_{i=1}^{l} \sum_{j=1}^{l} \alpha_i \alpha_j K(x_i, x_j) y_i y_j \tag{4-6}$$

$$\text{s.t.} \sum_{i=1}^{l} \alpha_i y_i = 0 \quad 0 \leqslant \alpha_i \leqslant \beta, \ i = 1, 2, \cdots, l$$

其中，β 为惩罚因子，不为 0 的 α_i 对应的样本为支持向量。

把式（4-6）整理成以 α_i 为变量的标准形式二次优化问题，就可以应用 MATLAB 的优化工具箱求解。求出 α_i 后，即可得到 ω，并可根据全部支持向量得到 b 的平均值。

$$b = \frac{1}{I_s} \sum_{i \in SV} \left[y_i - \sum_{j=1}^{l} y_i \alpha_i K(x_i, x_j) \right] \tag{4-7}$$

其中，I_s 为支持向量的个数。

这里，将在 SVM 中引入核函数，进而实现非线性分类。为了防止过拟合现象出现，采用了对经验风险和函数集容量进行折中的方式，这样有利于降低训练样本数量，并能获得较低的检验错误率。

在相关研究案例中，对于 SVM 的训练，人们常常运用高斯核函数、感知器核函数以及多项式函数予以实施。在本章的学习机中，将使用以下高斯核函数进行仿真训练：

$$K(x_i, x) = \exp(-||x_i \cdot x||^2 / 2\sigma^2) \tag{4-8}$$

4.3.4　仿真实验

为运行便利，以及考虑到我国目前物流强国建设动力系统的实际水平，这里不妨取动力系统成熟度层级 $m=3$，并将 4.3.2 指标体系中的成熟度指标分为三类，即基本级、定义级和管理级三个层级。评价尺度 $LSG=$ ｛基本级（L），定义级（M），管理级（H）｝。现根据本章 4.1.3 的表 4-1 所列 25 项指标中的部分重点指标，综合选取如下 18 项指标，作为物流强国建设动力系统成熟度的训练样本。

（1）物流政策的贯彻实施率 r_{rp}，是指物流强国建设政策在各地能够贯彻落实项的占比。

（2）物流项目建设的依法审批率 r_{rcp}，是指物流强国建设项目依法完成审批流程数的占比。

（3）物流规划的年度执行率 r_{rpi}，是指物流强国建设专项规划年度执行完成数的占比。

（4）物流目标的跟踪督办率 r_{rot}，是指物流强国建设系统项目规划目标督查落实数的占比。

（5）物流资金投入到位率 r_{rii}，是指物流强国建设系统项目资金按时到位额的占比。

（6）物流智能终端的覆盖率 r_{rtc}，是指物流强国建设系统覆盖范围内末端存取站点应用智能终端的占比。

（7）物流人员的技能培训率 r_{rst}，是指物流强国建设系统各节点参加物流技能培训的人员占比。

（8）物流标准的应用普及率 r_{rsa}，是指物流强国建设系统各节点应用物流标准设备并推进标准化服务的占比。

（9）物流信息的共享率 r_{ris}，是指物流强国建设系统各节点实施信息共享方式的占比。

（10）多式联运的增长率 r_{rmtg}，是指物流强国建设系统应用多式联运方式的增长比率。

（11）冷链物流的普及率 r_{rccp}，是指物流强国建设系统各节点应用冷链物流方式的占比。

（12）共同配送的应用率 r_{rjda}，是指物流强国建设系统各节点应用共同配送次数的占比。

（13）物流车辆碳排放达标率 r_{rvc}，是指各类物流车辆碳排放检测符合标准的数量占比。

（14）供应链管理的普及率 r_{rsp}，是指物流强国建设系统覆盖范围内各节点实施供应链管理方式的占比。

（15）物流企业载体的协同决策率 r_{recd}，是指物流强国建设系统各节点实施协同决策的占比。

（16）物流风险的协同共控度 r_{drsc}，是指物流强国建设系统各节点风险控制问题协同决策次数的占比。

（17）第三方金融平台的应用覆盖率 r_{rf}，是指第三方金融结算平台应用对物流强国建设系统各节点覆盖的比率。

（18）物流信息系统监管覆盖率 r_{rim}，是指物流信息监管系统对物流强国建设系统各节点覆盖的比率。

现取文献［68-70］中的相关数据为样本，量化后进行 SVM 训练，样本数据形式如表4-4所示，其中 $\tilde{r}$ 代表相应指标量化后的结果。

表4-4　　　　　　　物流强国建设动力系统成熟度评价样本模式

序号	$\tilde{r}_{rp}$	$\tilde{r}_{rcp}$	$\tilde{r}_{rpi}$	$\tilde{r}_{rot}$	$\tilde{r}_{rii}$	$\tilde{r}_{rtc}$	$\tilde{r}_{rst}$	$\tilde{r}_{rsa}$	$\tilde{r}_{ris}$	$\tilde{r}_{rmtg}$	$\tilde{r}_{rccp}$	$\tilde{r}_{rjda}$	$\tilde{r}_{rvc}$	$\tilde{r}_{rsp}$	$\tilde{r}_{recd}$	$\tilde{r}_{drsc}$	$\tilde{r}_{rf}$	$\tilde{r}_{rim}$	LSG
1	0.865	0.507	0.757	0.901	0.883	0.806	0.742	0.710	0.840	0.344	0.868	0.820	0.910	0.813	0.878	0.675	0.643	0.907	H
2	0.778	0.478	0.371	0.712	0.698	0.744	0.555	0.532	0.524	0.265	0.298	0.607	0.785	0.418	0.230	0.533	0.398	0.662	M
3	0.168	0.246	0.117	0.205	0.146	0.212	0.170	0.108	0.124	0.111	0.115	0.251	0.118	0.248	0.149	0.143	0.153	0.124	L
⋮	⋮	⋮	⋮	⋮	⋮	⋮	⋮	⋮	⋮	⋮	⋮	⋮	⋮	⋮	⋮	⋮	⋮	⋮	⋮

SVM 学习机的核函数为高斯核函数，见［式（4-8）］，通过交叉验证（Cross-validation）得到惩罚因子的初值 $\beta = 1$，$\sigma^2 = 0.33$。共有 180 个样本，取其中的 90 个样本点作为训练集，另外 90 个作为测试集，对训练集应用 SVM 进行训练，可以得到分类模型，再用得到的模型对测试集进行成熟度分类预测，最后得到分类的准确率为 95.5556%。最终的分类结果如图4-8所示。

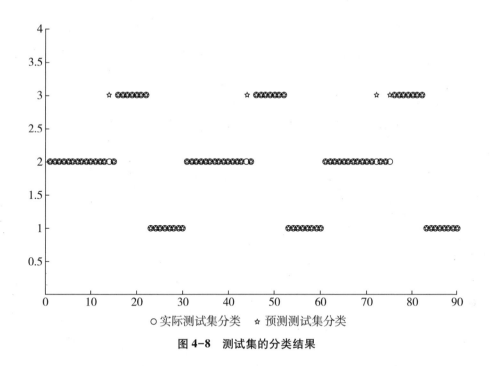

○实际测试集分类 ☆预测测试集分类

图 4-8 测试集的分类结果

通过一系列的测试分类活动，该实验对训练好的 SVM 系统中的待检验样本给出了相应的度量结果。结果显示：宁波市的物流强国建设动力系统成熟度尚处于中初级阶段，在新发展理念支撑下，具备了比较雄厚的发展基础，但总体建设动力系统水平还不够成熟。通过持续推进高质量发展，宁波市物流目标的跟踪督办率 r_{rot} 较高，目标管理意识增强；物流车辆碳排放达标率 r_{rvc} 控制较好，物流强国建设进程中对"碳达峰""碳中和"的要求正得到有效落实；物流信息系统的监管覆盖率 r_{rim} 数据较好，物流强国建设系统的信息化水平显著提升；相比之下，多式联运的增长率 r_{rmtg} 偏低，多式联运工程有待加强。

4.4 本章小结

基于对物流强国建设动力的研究，构建了其总体结构，通过理论假设和实证分析，利用结构方程法论证得出物流强国建设必须倚重政府推动和市场机制的驱动，物流强国的高质量发展必须依赖社会环境的支撑。深化对建设动力的关联分析,通过研究基本动力变量,剖析了建设动力指标,构建了物流强国建设动力变量指标的关联流图。进一步研究相关动力系统的成熟度,通过概念分析、指标构建、模型分析和仿真实验,对相关动力指标进行了成熟度评价。

5 物流强国的建设载体

通过物流强国建设的重要载体研究，明晰重点分布，遴选物流强国承载之点。物流强国的建设成效展现在载体上，这也是建设主体施加建设力的支柱。在未来国际竞争与合作并举的大格局中，如何发挥物流业的更大影响力，必须在物流节点、物流工程、物流项目上下功夫，尤其要抓住物流企业、物流行业和物流产业等典型载体，促进物流系统研发、物流装备制造、物流平台运营、物流金融支撑和专业物流运作等事宜。

5.1 建设载体概述

物流强国的建设需要在一定的载体中推进。利用载体，集聚建设要素、发挥要素功能、扩大效应辐射、增强建设绩效。一般来说，载体选择得当、时空环境优化到位，建设绩效就会显著，否则就会出现事倍功半的现象。

5.1.1 载体的概念

常言说"载体载体，载物之体"。关于载体的含义，也在随着时空的发展而被赋予新的内涵。从传统的视角，《辞海》给出如下解释："使催化剂增加有效面积所附着的多孔物体。"《现代汉语词典》则将载体解释为"科学技术上指某些能传递能量或运载其他物质的物质"。网络有一种定义是"泛指一切能够承载其他事物的事物"。在这个宽泛的界定下，虽然载体一定是事物，但事物并不一定能称为载体，只有当那些事物能承载他物运行时，才可能成为实质上的载体。当然，这里的"事物"，不仅指传统意义上的有形物体，也包括现代虚拟空间中无形的无线信息波等载体。

由于在多种场合、多个系统中载体均具有重要意义，其内涵和外延的研究自然引起了诸多学者的重视。如王正兴（1987）从多个视角挖掘了"载体"的内涵：从认识工具的角度，载体是存储知识的工具；从信息传播的角度，载体是交流的工具和传播的媒介；从流通的角度，载体又是一种通道。孙学琴（2007）认为高速公路是物流的重要载体。刘桂艳（2009）认为运输工具是物流配送的重要载体。陈鸿艳（2009）认为物流业振兴要通过建设物流园区和物流企业予以推进，物流企业既是建设的载体也是主体。汪鸣（2019）强调了"物流+产业"这种通过产业融合发展推进物流强国建设的创新载体，将物流业与所服务的对象融合后成为一种新业态，将促进物流产业的规模化发展和服务质量的提升。贺登才（2019）认为通过打造"通道+枢纽+网络"的物流运行体系，将推进物流业高质量发展，从而建设"物流强国"，这实质上点明了"通道""枢纽""网络"是建设物流强国的重要载体。朱占峰等（2020）认为物流枢纽的基础设施、物流企业和物流服务平台的建设是实施物流枢纽经济发展载体培育的重要领域。

综上所述，载体是宇宙间一种能承担其他事项的物质集合体。针对物流强国建设领域来说，物流业建设和发展载体是指在一定的时空环境约束下，能够承载物流活动的实施、物流项目的执行、物流规划的落实和物流目标的实现等事宜的相关介体、组织或业态。最常见的有物流活动载体，如港口、机场、货站等；物流平台载体，如物流信息平台、物流金融平台等；物流节点载体，如物流枢纽、物流园区、物流中心、物流仓库、物流末端存取站点等；物流企业载体，如生产物流企业、商贸物流企业、国际物流企业、危化品物流企业、快递物流企业等；物流行业载体，如物流协会、物流论坛等；物流产业载体，如电商物流产业、冷链物流产业等。

5.1.2 载体的特征

由于载体在事物发展过程中的特殊地位，所以有必要深刻认识和正确把握载体的本质特征。一般来说，载体具有集聚性、承传性和扩展性等基本特征。

（1）载体的集聚性。

承载、容纳、汇聚是载体的基本功能，载体往往能够将一些抽象的事物实体化，它的本质是一些事物的类本质，而不是这类事物的单个个体所固有的抽象物，所以，载体具有集聚性。载体无论是有形还是无形，均具有集聚一类事物的能力和结果。

作为物流强国建设的载体，也必然要聚集一类物流功能。如物流基础设施这类载体，它的职能具有两个层次：一是在建设的过程中，能够承载物流建设和发展目标的实施，在一定时期内配合国家或区域经济社会发展规划目标任务的实施，建设了物流运输、仓储、联运等设施，这种建设进程中的物流基础设施所集聚的是国家或地方的发展目标和任务。二是在建成并投入运营之后，承载了具体的物流职能，如运输和配送职能、储存职能、装卸和搬运职能等。无论是哪一层次的状态，都在履行集聚一类事物。

物流业作为复合型产业，更需要强化载体建设，发挥载体的作用。通过建设和发展载体，进一步增强物流产业的集聚性，进而形成物流强国建设的坚实根基，支撑物流强国的高质量建设。

（2）载体的承传性。

载体不仅要承载事物，还要传递事物，具有显著的承传性特征。一般来说，载体是相对于承载物而言的，没有承载物，也就不会有载体，事物的承载属性同它的其他属性一样，是在与他物的关系中呈现出来的。就像"没有物，何来流"一样的道理，没有事物，也就没有流动的需求，也就不需要承载体。从这个意义上说，载体的承传性只有在与承载物产生承载关系时才能显露出来，或者说，载体是相对于承载物而言的。

物流枢纽承载城市也是一种载体，这是一种更大范围、更大功能、更大意义上的载体，它包括多种承载类型和类别，不仅要承载相关货物，更要有能够传递物流的功能，使物流项目建设、物流任务执行等方面能够传递下去，传承更好的物流服务，实现更大的物流绩效。在物流功能传递中，需要不断进行模式创新，如陆港、港口和空港枢纽的多式联运模式，是节能降本增效的重要方式，各类载体需要根据自身特色，做大做强，将物流的相关职能精益化、智能化，为区域经济社会的发展提供更加有效的物流服务。

（3）载体的扩展性。

载体会随着周围环境的发展变化而逐步变化，具有扩展性特征。载体的扩展性主要体现在两个层面：一是载体本身的扩展，世界在快速变化中，宇宙时空的环境受人类活动的影响不时出现非规律性的改变，承载事物的载体的容量也在不断地扩大。二是载体承传内容的扩展，信息化时代改变了人们的生产方式和生活方式，数字化治理创新了组织的工作方式，载体承传的内容日益更新，扩展态势凸显。

以物流园区载体为例，其内涵和外延就是在不断扩展中。物流园区是一种多功能、多角色的物流载体，它既承担着物流产业集聚的重任，更具有孵化物流企业、履行物流职能的功能。

5.1.3　载体的选择

"良禽择木而栖"，物流强国的高品位建设、高质量发展必须选择和培育一流的载体，设计适应数字化环境的一流"孵化器"和"加速器"，以高标准推进物流建设项目、物流发展任务的实施和执行。

近几年国家陆续推出国家示范物流园区筛选、国家级临空经济示范区建设、国家物流枢纽承载城市建设等工程项目，就是在着力培育一批国家级物流载体。国家示范物流园区建设，有力地优化了物流企业集聚发展的空间，信息平台、道路、码头等一系列公共设施的共享，极大地促进了物流产业的降本增效。国家级临空经济示范区项目直接带动了机场周边的产业重塑，以临空物流为指向，形成了集高端研发、高端制造和国际物流于一体的临空指向性产业集聚，推进了物流产业的转型升级。国家级物流枢纽承载城市项目建设中，六大类型枢纽项目的齐头并进，全面提升了物流强国建设的核心指标，彰显了优秀物流载体的效益。

优秀物流载体的遴选需要采用科学的方法。各类节点平台载体的选址，需要充分考虑建设成本、运营成本和综合效益。各种道路管网载体的选择，需要实施统筹规划，确保路径的优化、投入产出的高效、市场融资的积极性，等等。物流载体的遴选、构建和运行，必须自始至终都要坚持高标准、严要求，以实现高水平的物流服务。

5.2 物流载体的规划

本研究以城市智慧物流配送中心这类载体的选址为例，通过一定的科学方法，对物流配送体系各个层级（类型）的节点进行统筹规划布局。由于在规划布局过程中，受一个城市的经济、人口、道路管网、地理空间、气候条件、产业分布等因素的影响，这里将重点剖析实现高效运营的约束条件、选址过程和实证案例。

5.2.1 问题分析

在一个城市智慧配送体系节点布局的过程中，首要问题是对各个节点的选址。对于单个节点的选址问题，不仅要考虑该节点自身的最优选址，还需要考虑各节点的布局是否能够使整个配送体系效率最高和效益最优。在此，以配送中心的选址为例予以研究。

在城市智慧配送体系中，配送中心的选址需要考虑运行的成本费用等经济性问题，但顾客期望的送达时间（货物按质、按量准时送达）即配送的时效性问题是智慧配送体系中的配送中心选址时更应该考虑的问题。

关于配送中心选址的研究经历了单一设施选址、多设施选址、动态选址、多目标选址等阶段，多目标动态选址也引起了人们的关注。20 世纪上半叶兴起的单设施选址只强调运输费用最小，将经济性作为主要考量，最典型的方法是重心法。到 20 世纪中后叶，网络多设施选址进入人们的视野，Cooper 提出了典型的启发式算法，其目标是在若干个生产商供货的前提下，选择若干个配送中心，使向若干个客户运输产品的成本最小。由于启发式方法与实际更加契合，引起了诸多专家学者的重视，启发式算法的多种模型，如模拟退火算法、遗传算法、进化规划、进化策略、蚁群算法、人工神经网络相继产生。20 世纪末，粒子群算法进入人们的视野，也成为 21 世纪人们关注的热点问题。粒子群算法的原理是利用随机全局优化技术，追随当前搜索的最优值来探寻演绎全局的最优化，具有群智能演化计算的特征，其优势在于操作简单和方便应用。

面对城市智慧配送体系，其配送中心的选址受多种因素的约束。一是快速响应。当接到市场用户的订单后，能够在第一时间响应管理部门的指令，承担配货及送货任务。二是布局合理。在确保配送任务时效性相对满足的前提下，综合考虑运输费用的最低，因为经济性是支撑配送体系持续发展的基础。三是质量上乘。配送中心的选址必须有利于服务质量的提升，其交通环境、给排水环境、信息环境和安全环境必须配套到位。除此之外，城市智慧配送体系选址还面临随机动态调整的需求。因此，城市智慧配送体系的配送中心选址属于总费用最低、智慧化综合服务水平最高的多目标动态随机选址类型。

5.2.2 参数选定和条件假设

（1）参数选定。

为方便建模和运算，现对一些参数符号进行解释，如表5-1所示。

表5-1 参数符号解释

符号	解释
T_c	表示配送体系智慧化配送总费用
S_{sa}	表示配送体系智慧化综合服务能力
m	表示所有备选配送中心数
n	表示规划配送区域内所有的服务用户数
x_i	0，1变量，表示是否在 a_i 处建立配送中心
y_{ij}	0，1变量，表示是否选择配送中心 i 满足用户 j 的服务需求
$\tilde{A}_i = (a_i \quad a_i \quad a_i)$	表示在 a_i 处建设配送中心的预算成本
$\tilde{W}_i = (w_i \quad w_i \quad w_i)$	表示配送中心 a_i 处的预置库存容量
$\tilde{D}_j = (d_j \quad d_j \quad d_j)$	表示用户 v_j 的配送服务需求量
$T_j = (t_j \quad t_j \quad t_j)$	表示用户 v_j 要求的送货时限

符号	解释
p_{ij}	从候选配送中心 a_i 到用户 v_j 的单位运输费用
l_{ij}	表示配送中心 a_i 到用户 v_j 的距离
t_{ij}	表示配送中心 a_i 到用户 v_j 的配送服务所用的时间
e_{ij}	表示配送中心 a_i 到用户 v_j 提前送货所产生的单位等待成本
f_{ij}	表示配送中心 a_i 到用户 v_j 推迟送货所产生的单位滞后补偿成本
ψ_{ij}	表示配送中心 a_i 到用户 v_j 的智慧化配送综合服务水平
σ_i	表示用户 v_j 对智慧配送服务所要求的满意度阈值

（2）条件假设。

为研究便利，假设条件如下。

配送中心物品的预置能够满足所辖区域用户的需求；每个用户所需服务需一次性运输完成，各用户物品服务需求量是一个已知的三角模糊数；不同物品的单位运输费用是一个预知的常数；系统总费用只包含配送中心的建设估计费用、运输费用以及运输意外补偿费用。

5.2.3 选址建模

基本模型。

命题 1：设某一配送中心到一用户的物流运输发生意外的单位补偿费用为 $F(t_{ij})$，则有：

$$F(t_{ij}) = \begin{cases} e_{ij}(T_j - t_{ij})\,\tilde{D}_j & t_{ij} < T_j \\ 0 & , & t_{ij} = T_j \\ f_{ij}(t_{ij} - T_j)\,\tilde{D}_j & t_{ij} > T_j \end{cases} \qquad (5-1)$$

证明：根据参数符号释义和条件假设，研究过程不再考虑订货、流通加工和仓储等费用，而运输费用与运输距离和运量之间的关系是正比例关系，当配送服务时间小于用户要求配送时限时，则 $F(t_{ij})$ 与配送中心 a_i 为用户 v_j 提前送货所产生的单位等待成本 e_{ij} 也成正比例关系，这时，$F(t_{ij}) =$

$e_{ij}(T_j - t_{ij})\tilde{D}_j$。当配送服务时间等于用户要求配送时限时，$F(t_{ij})$ 为 0。当配送服务时间大于用户要求配送时限时，产生了配送中心 a_i 为用户 v_j 推迟送货所导致的滞后补偿成本，由于单位滞后补偿成本为 f_{ij}，所以这时有 $F(t_{ij}) = f_{ij}(t_{ij} - T_j)\tilde{D}_j$。

命题 2：若假设配送中心与配送过程的安全性、生态性等因素一定，这时配送中心 a_i 到用户 v_j 的智慧化配送综合服务水平主要与时效性有关，则配送体系的智慧化综合服务能力为：

$$S_{sa} = \frac{\sum_{i=1}^{m}\sum_{j=1}^{n} y_{ij}\psi_{ij}(t_{ij})}{n} \tag{5-2}$$

证明：一般情况下，影响智慧配送的因素是多方面的，由于命题设定诸多因素一定，在主要以送达时间为用户满意度考量因素的条件下，智慧配送体系的综合服务能力与用户选取的配送中心能否满足其配送服务需求 y_{ij} 正相关，与配送中心 a_i 到用户 v_j 的智慧化配送综合服务水平 ψ_{ij} 正相关。一般情况下，当 $t_{ij} = T_j$ 时，即配送服务准时送达，$\psi_{ij} = 1$；当 $t_{ij} < T_j$ 时，配送服务在用户期望时限内送达，ψ_{ij} 是关于时间 t_{ij} 的单调非减连续函数；当 $t_{ij} > T_j$ 时，配送服务没有在用户期望时限内送达，ψ_{ij} 是关于时间 t_{ij} 的单调非增连续函数。因此，配送体系在一定时期内的 n 个服务用户的智慧化综合服务能力是全部单项配送业务服务能力的加权平均，故命题成立。

综合命题 1 和命题 2，若设城市智慧配送体系中配送中心库存容量、配送中心建设预算成本和物品需求量为三角模糊数，则符合城市智慧配送体系配送总费用最小、综合智慧服务能力水平最高的配送中心选址模型为：

$$\min T_c = \sum_{i=1}^{m}\tilde{A}_i x_i + \sum_{i=1}^{m}\sum_{j=1}^{n} y_{ij}F(t_{ij}) + \sum_{i=1}^{m}\sum_{j=1}^{n}\tilde{D}_j y_{ij}p_{ij}l_{ij}$$

$$\max S_{sa} = \frac{\sum_{i=1}^{m}\sum_{j=1}^{n} y_{ij}\psi_{ij}(t_{ij})}{n} \tag{5-3}$$

$$
\text{s. t.}
\begin{cases}
\sum\limits_{i=1}^{m} y_{ij} = 1 & \\
y_{ij} \in [0, 1] & \\
x_i \in [0, 1] & i = 1, 2, L, m \\
\psi_{ij} y_{ij} \geqslant \sigma_j & j = 1, 2, L, n \\
y_{ij} \leqslant x_i & \\
\sum\limits_{j=1}^{n} \tilde{D}_j y_{ij} \leqslant \tilde{W}_i &
\end{cases}
$$

这样，多目标优化问题就转化为一个目标函数优化问题，即 $\min T - S$ 问题。

5.2.4 算例分析

现设定在某一城市智慧配送体系中的某一区域有 3 个配送中心的候选地址 $a_i(i = 1, 2, 3)$，4 个末端存取站点 $v_i(i = 1, 2, 3, 4)$，即 $m = 3$，$n = 4$。由于市场波动等影响因素，每个客户所需求的物品量 D_j 是不确定的，因路况、天气等因素影响，每个客户要求物品送达的时间 T_j 也是不确定的，各数据如表 5-2 所示。

表 5-2	客户需求量及客户要求送达时间	
客户	需求量（吨）	要求送达时间（小时）
v_1	1.9	2.5
v_2	1.4	1.5
v_3	1.6	1.5
v_4	1.8	2.2

配送中心从候选地址到客户的距离 l_{ij} 以及运行时间 t_{ij} 如表 5-3 所示，配送中心 a_i 到用户 v_j 的单位运费 p_{ij} 如表 5-4 所示，建设配送中心的 3 个候选地址估算成本均为 5 万元，单位等待成本 $e_{ij} = 30$ 元/小时·吨，单位滞后补偿成本为 $f_{ij} = 50$ 元/小时·吨，每个客户要求的时间满意度为 $\sigma_i = 0.75$，试确定配送中心选址方案。

表5-3　　　　配送中心候选地址与客户之间的距离（公里）/运行时间（小时）

配送中心	客户			
	v_1	v_2	v_3	v_4
a_1	48.5/1.3	89/2.0	40.5/1.3	105.5/1.3
a_2	99.5/2.0	107.5/1.8	75.5/2.5	84/1.2
a_3	60/2.2	115.5/1.7	115.3/2.3	160.5/1.9

表5-4　　　　　　　　配送中心到各个客户的单位运费

配送中心	到各客户的单位运费（元/吨公里）			
	v_1	v_2	v_3	v_4
a_1	5	11	6	9
a_2	7	5	8	7
a_3	9	12	4	6

第一，选取满意度函数 $e(t_{ij})$ 和 $f(t_{ij})$，得到配送体系的智慧化综合服务能力量化值 S_{sa}，根据已知的各参量，依据式（5-3），构建配送中心选址的优化模型。

第二，将多目标优化问题转化为一个目标函数优化问题，即 $\min(T_c - S_{sa})$。

第三，根据模型，再对粒子定义如下编码：$x = [v_{mn}, a_m]$，m 为备选配送中心数量，n 为需求站点数量。

第四，按照粒子群算法的步骤，设定初始种群的规模 $sizepop = 20$，迭代次数为 $maxgen = 200$，学习因子 $c_1 = c_2 = 1.5$。采用 MATLAB 进行算法编程，程序文件 $pso.m$ 为粒子群算法的主函数、$fun.m$ 为定义的适应度函数、$FF.m$ 为 $F(t_{ij})$ 的计算函数、$FW.m$ 为 $\psi_{ij}(t_{ij})$ 的计算函数。经过多次实验计算，粒子群适应度曲线如图5-1所示，显示最优函数在适度条件下具有收敛性，存在最优解。

计算结果如表5-5所示。

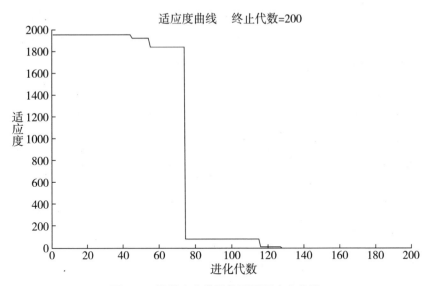

图 5-1　配送中心选址粒子群适应度曲线

表 5-5　　　　　　　　　　　MATLAB 计算结果

	v_1	v_2	v_3	v_4
a_1	1	1	1	1
a_2	0	0	0	0
a_3	0	0	0	0

其最优解显示：建立配送中心的最优选择方案应选择在 a_1 处，此时配送总费用为 54832 元，智慧化综合服务能力为 0.8800。

需要指出的是，从多次实验运行结果以及理论分析可以看出，式（5-3）在特定站点要求的时间满意度窗口下，模型的两个目标函数呈相互冲突趋势，即配送中心智慧化综合服务能力满意度越大，物流总费用也将增大。

5.2.5　选址拓展

城市智慧配送选址拓展的首要问题就是城市智慧配送体系区域的划分，这可以归结为离散点选址问题。该问题的本质就是在所拥有的零散的样本选择空间中，遴选出一个或一组最为合适（最优）的方案，这样的模型被称为离散点选址模型。样本点的有限性与连续选址模型样本的无限性有着明显的区隔。在离散选址模型中，最为常用的包括覆盖模型和 P-中值模型等。在实际运用过程中，往往根据城市区域环境、物品的性质以及市场资源的不同，覆盖模型又可分为集合覆盖模型和最大覆盖模型。

（1）集合覆盖模型。

对于集合覆盖模型，其构建的目标是以最小数量的节点设施，去覆盖所希望解决的配送存取站点，以满足消费者的个性化需求。其相应的目标函数可以表达为：

$$\min \sum_{j \in N} x_j \tag{5-4}$$

$$\text{s. t.} \begin{cases} \sum_{j \in B_i} y_{ij} = 1, \ i \in N & (5-5) \\ \sum_{i \in A_j} d_i y_{ij} \leqslant Q_j x_j, \ j \in N & (5-6) \\ x_j \in \{0, 1\}, \ j \in N & (5-7) \\ y_{ij} \geqslant 0, \ i, j \in N & (5-8) \end{cases}$$

其中，$N = \{1, 2, \cdots, n\}$，表示在城市智慧配送体系中的系统网络节点，包括城市智慧配送物流园区、城市智慧配送物流中心、末端智慧配送存取站点等各种类型的节点；d_i 表示第 i 个网络节点的物流需求量；Q_j 表示网络节点 j 的容量；A_j 表示网络节点设施 j 所能覆盖的网络需求节点的集合；$B_i = \{j \mid i \in A_j\}$ 表示可以覆盖网络节点 i 的网络节点设施 j 的集合；x_j 取值 1 表示该节点设施位于节点 j，x_j 取值 0 表示该节点设施不位于节点 j；y_{ij} 表示网络节点 i 的需求被分配给 j 的部分。

在集合覆盖模型的应用过程中，一般需要进行系列计算。关于计算的方法，一是精确的算法，应用分支界定求解的方法，能够找到小规模问题的最优解，但由于配送运输量方面的限制，一般只适用于小规模问题的求解。二是启发式算法，所得到的结果不能保证是最优解，但可以保证是可行解，可以对大型问题进行有效分析。

（2）最大覆盖模型。

最大覆盖模型的目标是对有限的物流网点进行选址，为尽可能多的对象提供服务。它的相应的目标函数是：

$$\max \sum_{j \in N} \sum_{i \in A_j} d_i y_{ij} \qquad (5-9)$$

$$\text{s. t.} \begin{cases} \sum_{j \in B_i} y_{ij} \leqslant 1, \ i \in N & (5-10) \\[2mm] \sum_{i \in A_j} d_i y_{ij} \leqslant Q_j x_j, \ j \in N & (5-11) \\[2mm] \sum_{j \in N} x_j = P & (5-12) \\[2mm] x_j \in \{0, 1\}, \ j \in N & (5-13) \\[2mm] y_{ij} \geqslant 0; \ i, j \in N & (5-14) \end{cases}$$

上述函数式或约束条件中，$N = \{1, 2, \cdots, n\}$，表示在城市智慧配送体系中的城市智慧配送物流园区、城市智慧配送物流中心、末端智慧配送存取站点等物流配送网络节点；d_i 表示第 i 个网络节点的物流需求量；Q_j 表示网络节点 j 的容量；A_j 表示网络节点设施 j 所能覆盖的网络需求节点的集合；$B_i = \{j \mid i \in A_j\}$ 表示可以覆盖网络节点 i 的网络节点设施 j 的集合；P 表示允许投资建设的城市智慧配送网络节点项目；x_j 取值 1 表示该节点设施位于节点 j，x_j 取值 0 表示该节点设施不位于节点 j；y_{ij} 表示网络节点 i 的需求被分配给 j 的部分。

最大覆盖模型适用于一个城市，受地理环境、土地资源以及城市规划等方面的制约，只能在有限的场所设立城市智慧配送园区（中心），这就可以根据配送分布大数据，应用该模型展开优化设计。

在城市智慧配送体系中的配送区域优化时，常常存在随机的动态需求问题，关于随机服务时间下智慧物流配送区域的优化、考虑随机消费者的智慧配送物流区域的优化以及动态消费者状态下智慧配送物流区域的优化问题，也是城市智慧配送体系节点布局的重要问题，均作为本成果的后续研究。

5.3　典型载体剖析

在物流强国建设进程中，有三种非常重要的建设载体，即物流企业、物流行业和物流产业，本研究将专门进行剖析，以实现物流强国建设的重点突破。

5.3.1 物流企业

物流企业作为现代物流强国建设的重要载体，是国民经济流通产业肌体的细胞，它对经济社会的正常运行具有重要的职能作用。由于物流产业分布范围、涵盖内容较为宽泛，所以侧重点不同，对物流企业的界定也存在争议。国家标准委 2005 年正式出台了《物流企业分类与评估指标》（GB/T 19680—2005），将物流企业的范围界定在了运输、快递和仓储。随着时间的推移、环境的改变和市场认可度的提升，2021 年国家标准委再次修订了《物流术语》，对物流企业的概念也予以新的界定，明晰物流企业是"从事物流基本功能范围内的物流业务设计及系统运作，具有与自身业务相适应的信息管理系统，实行独立核算、独立承担民事责任的经济组织"（GB/T 18354—2021）。这个定义比较符合当前物流产业的社会地位，大幅度扩充了物流企业的认定范围。

物流企业是连接生产和消费的纽带。生产企业只有相互交换各自的物质产品，才能使其生产过程不间断地进行。以 2020—2022 年的新冠疫情影响为例，由于新冠病毒可以通过物传人，致使国际供应链时有中断，造成生产制造企业因原材料或配件等缺位而停产的事件时有发生。物流企业作为以供应链物流为重点的经济组织，其重要的职能在于解决生产企业与消费者之间在数量、质量、时间和空间上的供求矛盾，以保证社会再生产的良性循环。物流企业通过自身的资源组织职能、供应职能、储存职能、实体输送职能、信息流通职能，将市场供求变化、潜在需求以及社会资源等相关信息有效反馈给市场环境下的供求双方，进而发挥指导生产、引导消费和开拓市场的作用。

物流企业的培育和评价，需要遵循统一标准。中国物流与采购联合会多年来一致秉持公开、公平、公正的理念，坚持推进运输型、仓储型和综合服务型三个类别的物流企业进行达标评估，促使物流企业持续改善，不断进步。

（1）运输型物流企业。

运输、配送是物流业的主要职能，也是最为普遍的物流活动。改革开放初期以公路运输、铁路运输、内河运输为主，随着国际物流规模的持续膨胀，海洋运输成为运输物流的骨干力量。随着物流时效性要求的提升,航空运输越来越被消费者所青睐,航空型运输企业的规模也在不断壮大。伴随远程或跨国输油管道的启用,管道型运输企业的地位也在增强。

运输型物流企业的最基本条件主要包括:自有一定数量的运输设备,可以提供运输和配送服务,并能达到门到门、门到站、站到站和站到门的运输服务,其主营业务以运输、快递或运输代理为主,拥有网络化信息服务能力,并能对运输的货物进行查询和监控。

对运输型物流企业的评估级别分为5A级、4A级、3A级、2A级和A级5个等次,评估指标包括6项一级指标和16项二级指标。一级指标包括经营状况、资产状况、设备设施、管理与服务、人员素质、信息化水平。在二级评价环节,一是评价运输企业的实际收入、经营规模和经营状态,包括年物流营业收入(元)、营业时间等;二是评价运输企业的资产规模,包括资产总额(元)、资产负债率等;三是评价运输企业的设备和设施状况,包括自有运输车辆(或总载重量)、运营网点等;四是评价运输企业的管理和服务水平,包括管理制度、质量管理、业务辐射面、物流服务方案与实施、客户投诉率(或客户满意度)等;五是评价运输企业的人员素养,包括中高层管理人员、基层物流业务人员状态等;六是评价运输企业的信息化水平,包括信息系统、电子单证管理、货物物流状态跟踪、客户查询等指标。

(2)仓储型物流企业。

仓储(包含储存、流通加工等职能)是物流业主要功能和活动,尤其是冷链仓库需求的增加,进一步强化了仓储型物流企业的地位。在特殊领域,危化品仓储的地位逐步为人们所认识和重视。随着跨境电商和全球供应链采购规模的递增,海外仓和进口监管仓的数量也在迅速增加。总之,仓储型物流企业的范围和规模在随着时代的变化而调整。

对于仓储型物流企业的总体要求包括:自有一定数量和规模的仓储设施,并且拥有必要的搬运装卸设备和货运车辆,能够为客户提供仓储、配送、流通加工的物流服务,其主营业务以储存、保管和中转等功能为主体,拥有网络信息化服务功能,具有对储存货物状态进行实时查询和监控的能力。

对仓储型物流企业的评估级别也分为 5A 级、4A 级、3A 级、2A 级和 A 级 5 个等次，评估指标包括 6 项一级指标和 17 项二级指标。一级指标仍然从经营状况、资产状况、设备设施、管理与服务、人员素质、信息化水平六个层面去评价。在二级评价环节，一是评价仓储型物流企业的经营状况，仍然从年物流营业收入和营业时间去度量；二是评价仓储型物流企业的资产状况，主要从资产总额和资产负债率去衡量；三是评价仓储型物流企业的设备和设施状况，主要考量企业的自有仓储面积、自有（租用）货运车辆（或总载重量）以及配送客户点等；四是评价仓储型物流企业的管理与服务水平，重点评价企业的管理制度、质量管理、物流服务方案与实施、客户投诉率（或客户满意度）等；五是评价仓储型物流企业的人员素质，主要评价企业的中高层管理人员和基层物流业务人员的学历、技能等综合素养；六是评价仓储型物流企业的信息化水平，主要评价企业的信息系统、电子单证管理、货物物流状态跟踪以及客户查询指标等。

（3）综合服务型物流企业。

随着物流业基础性、战略性和先导性地位的加强，物流企业的规模不断扩大，兼具运输、仓储、配送等综合功能的物流企业数量逐年增加。尤其是多类别的物流枢纽和物流园区加快规划和建设，为综合型物流企业的发展提供了优越的环境，综合服务型物流企业有着广阔的发展空间。

对综合服务型物流企业的总体要求包括：物流企业自有或租有一定数量的运输工具、仓储设施和设备，其主营业务是为客户提供涵盖运输、货代、仓储、配送、流通加工等多种物流服务活动，并具有一定经营规模，企业具有一定范围的货物集配、分拨网络，企业具有比较完备的管理机构和人员配备，有系统化的客户物流业务服务体系，拥有网络信息化服务功能，可提供全过程的物流服务状态查询和监控功能。

对综合服务型物流企业的评估级别也分为 5A 级、4A 级、3A 级、2A 级和 A 级 5 个等次，评估指标包括 6 项一级指标和 18 项二级指标。一级指标仍然从经营状况、资产状况、设备设施、管理与服务、人员素质、信息化水平六个层面去评价。在二级评价环节，一是评价综合服务型物流企业的经营状况，从年物流营业收入和营业时间去分析；二是评价综合服务型物流企业的资产状况，从资产总额和资产负债率去评估；三是评价综合服务型物流企业的设备和设施状况，主要考量企业的自有（租用）仓储面积、自有（租用）货运车辆（或总载重量）以及运营网点等指标；四是评价综合服务型物流企业的管理与服务水平，重点评价企业的管理制度、质量管理、业务辐射面、物流服务方案与实施、客户投诉率（或客户满意度）等；五是评价综合服务型物流企业的人员素质，主要评价企业的中高层管理人员和基层物流业务人员的学历、技能、行业资格证书等综合指标；六是评价综合服务型物流企业的信息化水平，主要评价企业的信息系统、电子单证管理、货物物流状态跟踪以及客户查询等指标。

5.3.2 物流行业

明代文学家田汝成所著的《西湖游览志馀》一书，提出了"三百六十行"，这里明显有"行业"的用意。后来人们将行业称为从事同性质的国民经济活动的组织体系。

物流行业一方面是对物流企业和物流产业的泛称；另一方面也是指服务和支持物流企业和物流产业发展的行业组织，既可以是一个常设机构，也可以是一个松散性的论坛。以下"物流行业"泛指行业组织。物流行业的职能主要包括：开展物流咨询、组织物流培训、颁发技能证书、开展物流研讨、进行物流评价、实施物流孵化、推进物流加速等业务活动，是物流企业和物流产业的高层智囊，能够为其发展提供专业支撑。

物流行业是物流强国建设进程中的一个特殊载体，不论是物流行业协会，还是各类物流论坛，均承载着大量的物流智力要素。它下联物流企业，上接政府部门，横跨物流产业，为物流强国建设谋划思路、设计方案、研讨对策、评估绩效，其纽带作用非常明显。

物流行业是物流业建设、发展、运营等环节评价标准制定的有力推动者。行业协会拥有本领域的高端专家和一大批专业技术能手，从理论到实践人才济济，对物流业的发展和物流企业的状况最为了解。因此，物流行业是物流强国建设过程中的一支中坚力量，它所发挥的作用难以替代。

由于涵盖范围较为宽泛，因此物流行业又可细分为运输行业、仓储行业、快递行业、冷链行业、空运行业、铁运行业、海运行业等，在2015年"8·12"天津滨海危化品仓库发生爆炸事故之后，危化品物流行业的地位迅速提高。绿色环保理念在物流领域的重视度日益提高，危化品物流行业的职能也在逐渐拓展。物流标准化行业的地位也因近几年物流业的现代化而迅速攀升，应急物流行业也随着疫情蔓延和国际供应链节点的变化而显示出重要地位。综上所述，物流行业伴随着经济社会的发展和领域的细分而更加明晰和多类别化，其发挥的作用也更加显著。

5.3.3 物流产业

物流产业作为一种现代业态载体，对物流强国的内涵建设和实践经验的积累具有强大的支撑作用。关于物流产业的概念，不同的视角有不同的定义。美国供应链管理专业协会对物流产业曾率先给出了描述性定义。它指出，物流产业包括上游供货业、运输代理业、铁路行业、物流咨询行业、水运行业、航空业、海运业、小包裹运输业、仓储业、港口业、第三方物流产业、多式联运业、包装业等。

在产业理论研究中，人们常常将产业看作能够产生同种类商品或服务的诸多企业集群，从这个意义上分析，企业是单体，行业是群体，产业则是更大的群体。基于此，可以定义物流产业（Logistics Industry）是由所有类型的物流企业的物流服务活动所组成的集群，是这种集合式的活动构成的一种新业态。如果从物流资源整合创新的视角，也可以将物流产业看作将所有物流资源产业化的结果。

在现行的物流产业数据统计系统中，如在国家统计局的统计公报中仍然将物流产业的数据囊括在交通运输业、仓储和邮政业之中；而全国发展改革系统、中国物流与采购联合会系统对物流产业的统计数据和统计渠道更为细化。物流产业数据还包含在物资供销业、国内外贸易业、批发零售业、现代农业、工业以及信息产业之中。

在经济社会发展过程中，对物流产业的外延认识也在不断拓展。第三方、第四方专业物流特征鲜明，是物流产业的重要构成。物流基础业，也就是围绕物流工程实施的基础设施建设；物流装备业，为增加物流绩效、履行物流职能而专职于物流装备的设计制造；物流系统业，根据物流网络空间的管理而研发的软件操作系统等，也应该属于物流产业的组成部分。

具体来说，物流基础业紧紧联系着物流运营的节点、线路和网络设施。星罗棋布的节点设施都需要规划、设计和建设，这些物流地产是物流产业高质量发展的基础支撑，其建设产值完全有理由纳入物流产业的统计范围。尤其是铁路、公路、码头、机场、仓储等设施建设，更是物流基础建设的重要内涵。

物流装备业集物流科技、智能制造和物流细分业务于一体，是为物流服务提供运营器具要素的产业。它包括货船制造业、物流车辆制造业、铁路货车生产业、储存设备制造业、搬运与装卸设备制造业、物流传送机械臂以及无人机、无人车等智能物流车辆制造业。由于物流科技发展迅速，物流装备业的规模也在迅速膨胀之中。

随着电子商务的优化升级，物流系统业走向了规范化、标准化。一般来说，物流系统业包括物流系统软件的研发、制作与维护。由于物流网络系统与电子商务、费用结算、金融保险等密切关联，物流系统的规模也在不断拓展之中。从未来发展着眼，物流系统规划、物流系统管理也将在物流产业的大视野具有发展空间。

在物流实务中，人们对物流产业的划分也会随着分类方法或标准的变化，形成不同的结果。以物流活动的构成要素来划分，可分为运输业、仓储业、包装业、流通加工业和物流信息业；以物流产业主体为标准可划分为铁路物流业、公路物流业、船舶运输业、航空物流业和快递物流业；以物流客体的类别为依据可划分为生产资料物流业和消费品物流业；以物流经营方式为标准又可划分为自营物流业、专营物流业和物流代理业；等等。

5.4 本章小结

研究物流强国的建设载体，剖析载体的概念、特征和地位，针对物流载体的规划问题，进行了参数选定和条件假设，通过选址建模和算例分析，实施了载体选址优化和拓展分析。并对物流企业、物流行业和物流产业这些物流强国建设过程中的重点载体进行了深入剖析。

6 物流强国的建设重点

通过物流强国建设的重点维度研究，论证建设走向，明晰物流强国方向之盘。我国物流产业在改革开放以来四十多年的精心耕耘之后，经营规模和发展质量都已位于世界前列。但要成为高质量发展的物流强国，必须进一步明晰总体路径，科学遴选重点维度。完善物流枢纽、物流园区、运输线路等领域的物流设施，创新物流装备，优化采购全球供应链和城乡末端配送物流网络，构建国际一流的物流法规体系，以现代法治的理念统领物流强国建设，确保物流强国建设的客观规律性。

6.1 总体路径

6.1.1 指导思想

以习近平新时代中国特色社会主义思想为指导，放眼国内大循环和国内国际"双循环"发展格局，充分认识新时代对物流业发展提出的新要求，以碳达峰、碳中和为总体约束，以降本、增效、提质为基本追求，着力解决物流发展不平衡、不充分问题，更好地满足现代化经济体系建设和人民日益增长的物流服务需求，积极推进多式联运、产业融合，着力构建物流运行成本低、效率高、环境好、消费者满意的现代化综合物流体系，打造具有一流设施、一流技术、一流管理、一流服务，确保生产物流服务精益、国际物流运行通畅、应急物流保障有力、消费物流便捷宜人、物流系统功能超前的物流强国。

6.1.2 基本原则

——坚持政府引导，市场运作。发挥政府在物流强国建设过程中的宏观调控作用，通过物流业规划、政策、项目、资金、税费、智力支持等路径合理科学地营造物流业良好发展环境，引导物流企业及时转型升级。强化市场机制在物流资源配置中的决定性作用，使资本投入产出效益符合市场运行规律。

——坚持产业融合，协作运营。利用现代物流业的服务职能，深化与现代制造业和现代农业以及其他现代服务业之间的合作和融合，以供应链构建、运营和管理为纽带，着力延伸物流产业链，促进产业间的战略合作与有机融合，推动物流业与制造业、现代农业、商贸服务业、电商产业、金融产业等相关产业协同发展。

——坚持资源整合，体制创新。深化物流业资源的城乡统筹、区域合作、国际联合，打破行业、部门和地区条块分割，建立有利于物流资源优化配置的体制机制；发挥新一代信息技术在资源整合和供应链物流中的积极作用，创新智慧物流模式，促进物流服务体系高效运转；以世界眼光和国际标准集聚各类创新资源，营造适合各类创新人才、创新主体、创新资本融合互促的发展环境，促进科技创新、产业创新和制度创新，着力打造国际一流的创新发展平台载体。

——坚持优化结构，提质增效。加大供给侧改革力度，聚焦国内大循环市场和国内国际"双循环"市场，科学调整和布局优质物流资源；加大物流系统网络化、协同化、标准化、数字化、智能化、绿色化和全球化的指引，推进传统物流业转型升级；培育物流节点的集聚能力，提升产业规模和发展水平。

——坚持绿色生态，和谐发展。牢固树立绿水青山就是金山银山的发展理念，把生态环境保护融入物流强国建设的全过程，进一步提高资源利用效率，科学有序地推进物流产业发展和城乡建设的共生、共建和共荣；加强危化品物流和应急物流体系建设，提升风险预警能力。遵守碳达峰、碳中和的约束机制，推动形成人与自然和谐发展的物流强国建设新格局。

6.1.3 建设目标

（1）物流产业结构更加合理。

进一步优化运输物流业、仓储物流业和快递配送物流业的结构构成。发挥海洋运输企业、内河运输企业、陆路运输企业和航空运输企业的主干运输作用，激发仓储物流企业、冷链物流企业和快递配送企业的创新服务职能。合理调配生产制造物流、商贸服务物流、电商快递物流、跨境贸易物流、农产品专项物流、大宗商品物流、危化品专业物流等物流产业资源。补齐"三农"物流短板，农业和农村物流作为农业产业化的重要支撑，具有很强的发展潜力。推行产地直销、销地直采、农超对接等协作物流模式，减少流通环节，打通农产品上行通道，引导连锁零售企业、电商企业等加快向农村地区下沉渠道和服务，完善县乡村三级物流节点，构建城乡统筹的物流配送体系，推进"快递进村"工程，促进邮政、商贸、供销、快递等物流资源开放共享，发展共同配送。

（2）物流节点布局更加科学。

挖掘物流基础设施潜力，改造传统基础设施，推进新型基础设施建设。城市群、都市圈、城乡间、区域间、国内外物流网络全面形成，国家物流枢纽、区域物流园区、城市配送中心和城乡末端网点无缝对接，多层次、立体化、全覆盖的物流基础设施网络全面发展。供应链核心企业更加关注解决物流"卡脖子"环节，加强物流集中管理，寻找可替代物流解决方案，增强供应链弹性和可靠性，提升产业链现代化水平。商贸物流网络与国家综合运输大通道及国家物流枢纽有效衔接，全国性、区域性商贸物流节点城市的集聚辐射能力大幅提升。推进城市物流配送节点，尤其是末端存取站点的规划布局和老旧设施的升级改造，织密配送中心、分拨中心和物流园区的空间分布，重视商业设施和交通基础设施的现代化建设，落实线上交易和线下运营体验的有机结合，实现整体物流节点的合理、科学布局。

（3）物流发展动力更加强劲。

综合物流园区、配送（分拨）中心服务城乡商贸的干线接卸、前置仓储、分拣配送等的能力进一步提升，干线运输与城乡配送高效衔接更加顺畅；物流在扩大内需中的战略支点地位更加凸显；物流业在连接生产与消费重要环节中的作用进一步加强，与居民生活和食品安全相关的即时物流、冷链物流、电商快递、城市配送等领域保持较快增长速度；共同配送、仓配一体、逆向物流等服务模式快速发展；配送中心、智能快递箱、前置仓、农村服务站点、海外仓等民生物流配套设施投入力度加大，消费物流服务网络和服务能力加快形成。

（4）物流运营方式更加协同。

铁运、公运、水运、空运以及管道运输的多种形式综合运输体系之间的多式联运更加灵活，陆海空立体物流体系更加协调，国内物流、国际物流的对接更加顺畅。物流要素区域集中化规模化趋势进一步增强。物流基础设施的优化布局在西部大开发、东北振兴、中部崛起，以及粤港澳大湾区、长三角、京津冀等区域发展重大战略中的作用更加强化，对区域发展的带动作用日益明显，各种物流运营方式更加协同。

（5）物流产业融合更加深化。

物流业与制造业深化融合，将从简单的服务外包向供应链物流集成转变，通过内部挖掘降低成本潜力、外部提升综合服务能力，增强产业链韧性；从物流与制造空间脱节向制造业与物流业集群发展转变，发挥物流枢纽集聚和辐射功能，吸引区域和全球要素资源，带动区域经济转型升级；从物流与制造资源分散向平台化、智能化、生态化转变，扩大企业边界，转变生产方式，优化资源配置，创造产业生态体系。工业互联网将带动物流互联网兴起，实现供应链全程在线化、数据化、智能化，助力智能制造创新发展，推动我国产业迈向全球价值链中高端。

现代物流业与现代农业、现代商贸服务业以及其他服务业的融合进程进一步加速，融合发展成效进一步凸显。

（6）物流智慧转型更加现代化。

作为先导性产业，物流业必须加大现代科学技术的应用力度。信息化、智能化技术是支撑物流业升级转型的重要支柱，要将传统物流企业数字化转型和新兴数字企业进入物流市场同步推进，物流商业模式和发展方式加快变革，拓展产业发展新空间。依托新型基础设施，数字化物流中台全面发展，智能化改造提速，将带动传统物流企业向云端跃迁，上下游企业互联互通，中小物流企业加快触网，构建"数字驱动、协同共享"的智慧物流新生态，更好实现与实体经济融合发展。

（7）物流国际合作更加开放。

我国作为第一货物贸易大国的地位更加巩固，国内国际双向投资与世界经济深度互动，吸引国际商品和要素资源集聚，离不开全球物流服务保驾护航。国际航运、航空货运等助力打通国际大通道，中欧班列、陆海新通道等国际物流大通道加快建设，带来更高水平、更大范围、更深层次的物流开放新局面。国际航空货运、铁路班列受新冠疫情刺激将进入快速发展期，并逐步与国内网络实现有效衔接和双向互动。国际快递、国际航运、国际班列服务商将加速向全程供应链物流整合商转变，提供供应链一体化解决方案。具有国际竞争力的现代物流企业日益增多，将跟随国内外大型货主企业"抱团出海"，立足国际物流枢纽建设，加大境内外物流节点和服务网络铺设，参与国际物流规则制定，在全球物流与供应链网络中发挥更大作用。

（8）物流法治体系更加完善。

物流治理的法律体系进一步完善，依法治理的局面完全形成。物流业营商环境持续改善，充分激发市场主体活力。混合所有制改革在物流领域进一步深化，探索提升做优做大国有物流资本。企业兼并重组和平台经济更加规范，防范垄断和资本无序扩张。物流降本增效深入推进，"放管服"改革进一步深化，数字化监管和治理兴起，跨部门协同共治深入推进，更好地发挥全国现代物流工作部际联席会议制度的作用，推动行业综合协调和机制创新。标准、统计、教育、培训、信用等行业基础工作稳步推进，行业社团组织协同治理体制发挥更大作用，维护社会公共利益和会员正当权益，推进社会治理现代化发展，高效规范、公平竞争的物流统一大市场加快形成。

（9）物流经营环境更加生态。

作为战略性产业，物流业必须在低碳约束环节发挥积极作用，着力提升绿色环境质量。在降碳时序已明确具体的约束下，物流业作为重要的移动排放源，环保治理压力进一步加大，倒逼传统物流生产方式变革，绿色环保、清洁低碳成为发展新要求。绿色物流装备得到全面推广，绿色包装、绿色运输、绿色仓储、绿色配送等绿色物流技术加快普及应用。集装箱多式联运、托盘循环共用、甩挂（箱）运输、物流周转箱、逆向物流等绿色物流模式得到广泛支持，绿色物流质量标准得到严格执行，一批绿色物流企业加快涌现，促进经济社会发展绿色化转型。要着力推进国家冷链物流的标准化体系建设，合理布局冷链物流基地，鼓励发展移动冷库、恒温冷藏车、冷藏箱等新型冷链设施设备，建设综合化、系统化的冷链物流体系。

6.2　重点维度遴选

重点维度的遴选就是基于物流强国建设的时代发展进程，选择出需要推进的重点领域和发展方向。在遴选过程中，需要坚持科学的态度，推进定量分析与定性分析有机结合，以增强战略任务的可实施性。

6.2.1　遴选方法

在物流强国的建设进程中，由于东中西部以及城乡区域的空间利用不平衡性，物流区域战略存在较大差异。这就预示着重点维度的遴选具有多项选择，这实质上就是一个多目标的决策问题。关于多目标的决策，已有多位学者从不同的视角进行了讨论。如叶端宜等（1987）探索利用征询的方式并结合特尔斐技术以及最大特征值法遴选了重点科技领域和优先发展行业。宋云婷等（2021）通过模拟退火与 NSGA-Ⅱ算法相结合的混合算法对出口海陆仓融资进行计算求解。李建斌等（2021）利用一种改进 K-means 聚类算法对共同配送的订单车辆匹配进行遴选决策。

层次分析法是在多目标决策谋划时比较常用的一种方法，其基本原理就是通过建立层次结构模型，分层次对遴选的要素进行比对，通过检验确立最优的元素。叶飞和陈玮（2020）利用层次分析法进行了遴选要素的比对和选择。齐岳等（2018）利用层次分析法对指标赋权并选取理想值，基于此提出五位一体综合指数，并对国内一些重点区域进行评价。

熵权法也是维度遴选的一种常用方法，它常常将定性分析和定量分析相结合，在定性方面主要是借助专家遴选时考虑到的一些遴选规则，在定量方面是指评价过程所建立的一套专家评价指标体系。高琢玉（2011）认为，熵是对目标决策不确定性的一种度量。因为，在一个系统中，其无序程度与熵成反比，也就是说，如果一个系统的有序程度越高，则说明它所包含的信息量就越大，而熵就越小。它通过构建模型、建立指标体系，推进了相关遴选评价。

模糊综合评价法也是一种将定性转化为定量的常用遴选方法，其基础条件是需要科学建立评价准则体系，厘定遴选的原则，构建目标函数，建立评价矩阵，运算评价结果，进行有效验证。戴文渊（2021）应用该方法评价了区域生态安全体系的科学性。

除此之外，灰色关联分析法有时也被用于领域遴选。总体分析上述方法，其基本原理均采用了定量与定性相结合，关键是要有效把握约束条件，选择科学评价指标体系，科学构建评价模型，以实现领域遴选的多目标决策的成效。

6.2.2　遴选过程

这里以层次分析法为例，阐述物流强国建设重点维度遴选的决策流程。在应用层次分析法分析决策问题时，首先要把所需决策的问题条理化、层次化；然后在此基础上，构造有层次数学模型。这就要把需要研究的复杂问题转化为由一些相关元素组成的层次系统。为简洁起见，本研究将元素划分为最高层、中间层和最基层三个层面。

（1）最高层：代表所要遴选决策的目标。这一层次中可以设置一个最终总目标，作为在多元素中遴选的最佳结果。

（2）中间层：这一层包括了遴选最终目标过程中的多种关联要素，它可以进一步划分为若干个层次，但其关键思想在于强化遴选的准则，所以人们也称其为准则层。

（3）最基层：这一层包括了为形成最终目标展现出的可供选择的各种措施和决策方案等，因此也称为措施层或方案层。

在应用层次分析法分析决策问题时，一般层次数不受限制，但每一层次中各元素所支配的元素一般不超过 9 个，这主要是考虑若元素过多就会给后续的两两比较判断带来麻烦。一般来说，利用层次分析法解决具体问题常常采用以下四个步骤。

第一步：建立层次结构模型。

围绕总目标，深度分析相关问题，梳理出元素间的关联逻辑，凝练出层次指标以及所代表的内涵，划分出层次等级，用层次框图描述层次的递阶结构以及元素间的从属关系。

第二步：构造判断矩阵。

在应用层次分析法进行评价的时候，将简单的因素按照一定的关系或关联性进行分类或分组，把其中相互联系的因素进行组合归入小类，再将小类归入大类，这样就形成了一种有序的判断矩阵。然后经过两两对比来确定重要性程度，按照重要性程度在判断矩阵中进行合成，来确定各要素对于总目标的重要性，并进行排序，就比较容易定出其重要性或次要性。

第三步：层次单排序及一致性检验。

根据判断矩阵的特征值和特征向量，计算下层次与之有联系的元素间的重要性排序权值。再进行一致性检验和平均随机一致性检验。

①一致性检验指标 CI

$$CI = \frac{\lambda_{\max} - n}{n - 1}$$

②平均随机一致性指标 CR

$$CR = \frac{CI}{RI}$$

第四步：层次总排序。

根据层次单排序及一致性检验情况，再进行层次总排序，确定同一层次所有元素对最高层（目标层）相对重要性的排序权值。

在物流强国建设系统的重点维度评价中应用层次分析法的基本思想，是指在这个多层次决策系统中，将最基层元素对于最高层目标的相对重要性权重值的确定，归结为指标、环节的相对优劣次序的排序问题。不妨引入 1~9 比率标度方法，通过逐对两两比较元素的相对重要性，使相关性分析成为可能。比率标度如表 6-1 所示。

表6-1   比率标度

重要性标度	含义
1	表示两个元素相比,具有同等重要性
3	表示两个元素相比,前者比后者稍重要
5	表示两个元素相比,前者比后者明显重要
7	表示两个元素相比,前者比后者强烈重要
9	表示两个元素相比,前者比后者极端重要
2、4、6、8	表示上述判断的中间值
倒数	若元素 i 与元素 j 的重要性之比为 a_{ij},则元素 j 与元素 i 的重要性之比为 $a_{ji} = \dfrac{1}{a_{ij}}(i, j = 1, 2, \cdots, 9)$

6.2.3 遴选案例

对物流强国建设重点维度的评价遴选,其层次分析结构模型可以用如下方式建立。物流强国建设系统本身为目标层(用 A 来表示);一级指标为准则层,即拟选择的重点维度(用 B 来表示);二级指标为方案层,即各重点维度的进一步延伸(用 C 来表示)。

通过专家访谈和统计数据梳理,筛选出物流强国建设系统目标层的准则层包括物流设施、物流装备、物流网络和物流法规四项特征指标,再根据建设环境逐一进行详细分析,对相应的二级指标给出具体的分析结果。其层次结构如表6-2所示。

表6-2   物流强国建设重点维度遴选的层次分析结构

目标层	准则层	方案层
物流强国建设系统 A	物流设施 B_1	物流道路基础设施完善度 C_1
		物流节点基础设施联通度 C_2
		物流企业基础设施应用率 C_3
	物流装备 B_2	物流装备模块的标准化率 C_4
		物流装备系统的智能度 C_5
		物流装备功能的集成度 C_6
		物流装备设计的国际领先度 C_7

目标层	准则层	方案层
物流强国 建设系统 A	物流网络 B_3	物流实体网络的覆盖率 C_8
		物流信息网络的通达度 C_9
		物流供应链网络的国际化率 C_{10}
	物流法规 B_4	物流法律的立法度 C_{11}
		物流法规的覆盖度 C_{12}
		物流规章的执行度 C_{13}
		物流产业的依法治理率 C_{14}
		物流标准的国际应用率 C_{15}

（1）构造判断矩阵。

根据矩阵论的原理可以得出准则层对于目标层的判断矩阵如表 6-3 所示。

表 6-3　　　　　　　　　准则层对于目标层的判断矩阵

A	B_1	B_2	B_3	B_4
B_1	1	3	5	7
B_2	1/3	1	3	5
B_3	1/5	1/3	1	3
B_4	1/7	1/5	1/3	1

同理，C_1、C_2、C_3 对于 B_1 的判断矩阵如表 6-4 所示。

表 6-4　　　　　　　　C_1、C_2、C_3 对于 B_1 的判断矩阵

B_1	C_1	C_2	C_3
C_1	1	3	5
C_2	1/3	1	3
C_3	1/5	1/3	1

同理，C_4、C_5、C_6、C_7 对于 B_2 的判断矩阵如表 6-5 所示。

表6-5 C_4、C_5、C_6、C_7对于B_2的判断矩阵

B_2	C_4	C_5	C_6	C_7
C_4	1	3	5	7
C_5	1/3	1	3	5
C_6	1/5	1/3	1	3
C_7	1/7	1/5	1/3	1

同理，C_8、C_9、C_{10}对于B_3的判断矩阵如表6-6所示。

表6-6 C_8、C_9、C_{10}对于B_3的判断矩阵

B_3	C_8	C_9	C_{10}
C_8	1	3	5
C_9	1/3	1	3
C_{10}	1/5	1/3	1

同理，C_{11}、C_{12}、C_{13}、C_{14}、C_{15}对于B_4的判断矩阵如表6-7所示。

表6-7 C_{11}、C_{12}、C_{13}、C_{14}、C_{15}对于B_4的判断矩阵

B_4	C_{11}	C_{12}	C_{13}	C_{14}	C_{15}
C_{11}	1	3	5	7	9
C_{12}	1/3	1	3	5	7
C_{13}	1/5	1/3	1	3	5
C_{14}	1/7	1/5	1/3	1	3
C_{15}	1/9	1/7	1/5	1/3	1

（2）相容性检验。

准则层对于目标层的判断矩阵的特征向量 $W = [0.5640 \ 0.2632 \ 0.1178 \ 0.0550]^T$，最大特征值 $\lambda = 4.1166$，$CI = 0.0389$，$RI = 0.90$，$CR = CI/RI = 0.0432 < 0.10$，具有满意的一致性。

C_1、C_2、C_3对于B_1的判断矩阵的特征向量 $W = [0.6370 \ 0.2583 \ 0.1047]^T$，最大特征值 $\lambda = 3.0380$，$CI = 0.0190$，$RI = 0.58$，$CR = CI/RI = 0.0328 < 0.10$，具有满意的一致性。

C_4、C_5、C_6、C_7对于B_2的判断矩阵的特征向量 $W = [0.5640 \ 0.2632 \ 0.1178$

$0.0550]^T$，最大特征值 $\lambda = 4.1166$，$CI = 0.0389$，$RI = 0.90$，$CR = CI/RI = 0.0432 <$ 0.10，具有满意的一致性。

C_8、C_9、C_{10} 对于 B_3 的判断矩阵的特征向量 $W = [0.6370\ 0.2583\ 0.1047]^T$，最大特征值 $\lambda = 3.0380$，$CI = 0.0190$，$RI = 0.58$，$CR = CI/RI = 0.0328 < 0.10$，具有满意的一致性。

C_{11}、C_{12}、C_{13}、C_{14}、C_{15} 对于 B_4 的判断矩阵的特征向量 $W = [0.5100$ $0.2638\ 0.1296\ 0.0637\ 0.0329]^T$，最大特征值 $\lambda = 5.2367$，$CI = 0.0590$，$RI =$ 1.12，$CR = CI/RI = 0.0527 < 0.10$，具有满意的一致性。

（3）综合权数及总排序。

结合上述计算结果，可得出 15 个二级指标各自的综合权数，即表 6-8 中的总权数 W。

表 6-8　　　　　　　　　　综合权数

	B_1	B_2	B_3	B_4	总权数 W
	0.5640	0.2632	0.1178	0.0550	
C_1	0.6370	0	0	0	0.3593
C_2	0.2583	0	0	0	0.1457
C_3	0.1047	0	0	0	0.0591
C_4	0	0.5640	0	0	0.1334
C_5	0	0.2632	0	0	0.0559
C_6	0	0.1178	0	0	0.0279
C_7	0	0.0550	0	0	0.0130
C_8	0	0	0.6370	0	0.0750
C_9	0	0	0.2583	0	0.0304
C_{10}	0	0	0.1047	0	0.0123
C_{11}	0	0	0	0.5100	0.0281
C_{12}	0	0	0	0.2638	0.0146
C_{13}	0	0	0	0.1296	0.0071
C_{14}	0	0	0	0.0637	0.0035
C_{15}	0	0	0	0.0329	0.0018

根据上述计算可知，一级指标物流设施权数为 0.5640，物流装备权数为 0.2632，物流网络权数为 0.1178，物流法规权数为 0.0550。可见物流设施对于评价整个物流强国建设绩效至关重要。

一级指标中各个分指标计算得出：物流道路基础设施完善度 C_1 为 0.3593，物流节点基础设施联通度 C_2 为 0.1457，物流企业基础设施应用率 C_3 为 0.0591；物流装备模块的标准化率 C_4 为 0.1334，物流装备系统的智能度 C_5 为 0.0559，物流装备功能的集成度 C_6 为 0.0279，物流装备设计的国际领先度 C_7 为 0.0130；物流实体网络的覆盖率 C_8 为 0.0750，物流信息网络的通达度 C_9 为 0.0304，物流供应链网络的国际化率 C_{10} 为 0.0123；物流法律的立法度 C_{11} 为 0.0281，物流法规的覆盖度 C_{12} 为 0.0146，物流规章的执行度 C_{13} 为 0.0071，物流产业的依法治理率 C_{14} 为 0.0035，物流标准的国际应用率 C_{15} 为 0.0018。

6.3 四大重点维度剖析

根据上述遴选案例分析，在新时代，面对国际贸易、物流及供应链采购市场的诸多不确定性，物流强国建设必须矢志不渝地着力推进物流设施、物流装备、物流网络和物流法规等重点维度建设，以尽早实现物流现代化。

针对物流设施、物流装备、物流网络和物流法规四大维度，必须科学把握其层次构成，加大整合力度，形成竞争合力，以支撑物流强国建设的质量和效益。物流强国建设重点维度的构成如图 6-1 所示。

6.3.1 物流设施

（1）着力完善物流道路基础设施建设。

物流强国系统必须拥有一流的物流交通基础设施。加快构建现代化的综合交通体系，形成发达的快速网、完善的干线网和广泛的基础网。强化全国一盘棋意识，补齐主干铁路、主干公路全国连线的短板；谋划与东盟、南亚、中亚、中东欧、东北亚等国家（地区）的大陆运输通道，打造物流连廊；完

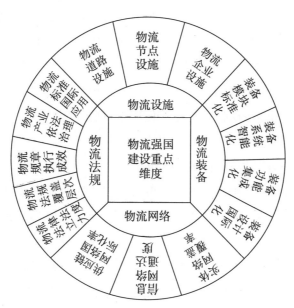

图 6-1 物流强国建设重点维度的构成

善航空运输、水路运输、管道运输以及邮政快递等基础设施建设，形成多中心、网络化、覆盖全国、惠及近邻的现代化物流运营网络格局。使物流存量资源配置更加优化，优质增量供给进一步扩大，立体互联和系统弹性进一步增强。系统规划、科学布局、高质量建设城乡停车设施，使充电、加氢、加气等物流辅助设施系统有序，以提升对物流配送的支撑能力。增强在役基础设施检测监测、评估预警能力。开展对跨江、跨海、跨峡谷等长、大桥梁结构健康的实时监测，提升特长隧道、隧道群结构灾害、机电故障、交通事故及周边环境风险等监测预警和应急处置技术应用水平。

（2）着力提升物流节点基础设施的互联互通。

谋划国际级物流枢纽的建设规划，提升国家级物流枢纽承担力和集疏运能力，鼓励省级物流枢纽的规划和建设，统筹国际、全国和地方三级协同的物流枢纽节点布局和互联运营。持续推进国家、省、地物流园区的规划和建设，鼓励特色物流园区建设，提升现有临空经济示范区的集聚力度，扩大各类物流园区的产业影响力。尤其要依托粤港澳大湾区、长三角、京津冀等国际级城市群，建设具有全球竞争力和影响力的国际化综合性物流枢纽，强化物流分拨、转运和联运能力，建设国际货物空运转运中心、国际航运中心或国际集疏运中心。围绕"一带一路"沿线国家的物流需求，建设畅通周边国家（地区）的物流基础设施，重点支持建设铁路、公路、港口、码头、岸线等基础设施。发展国际班列，遴选物流节点，规划物流网络，加强跨境物流的便利化。建设国际海铁联运通道，维护国际航道安全。

（3）着力推进物流企业基础设施的创新应用。

5A级物流企业是物流强国建设的中坚力量，要制定激励政策，引导大型物流企业与国际物流基础设施的有机融合，创造性地发挥基础设施的支撑作用。积极推进资源整合，有计划地推进物流企业的规模化发展，有效化解部分物流企业"小、散、弱"造成的资源浪费。要推进工矿企业、铁路专线与陆港、海港集疏运网络的融合发展，建立矿产资源与物流资源之间的多式联运协同标准，提升综合物流效益。要优化主干运输与支线物流配送之间的关联对接，建立集约式物流体系，提升冷链物流、危化品物流、应急物流运作能力，发挥特种物流专项设施的创新应用能力，实现物流安全与经营绩效的有机统一。培育农村电商物流和农产品电商物流企业的高质量发展，完善农村物流基础设施，综合利用农村资源，完善上行和下行物流网络，降低物流运营成本。

6.3.2 物流装备

（1）进一步加强物流装备模块的标准化建设。

提升物流绩效的有效途径是多式联运，不同物流运输载体（工具）间的无缝对接在于物流装备的标准化。应培育专业团队，加快研究制定关键性、基础性国家和行业标准，树立标准体系的系统化意识，形成物流技术研发、物流装备制造的标准化环境。对国家相关机构认定确立的技术标准，应加速市场化对接，将先进的技术标准应用到装备制造业中，加快应用推广步伐。物流装备制造企业要推进自身研发与行业标准的有机融合，尽快将物流科技成果转化为现实生产力。在国际化视野下应着力构建拥有国内自主知识产权的物流科技体系，尤其要将远洋运输、冷链运输、危化品运输、特种品运输等重点运输载体的知识产权掌握在国家可控的范围之内，进而增强国际竞争力。

（2）进一步加强物流装备系统的智能化建设。

统筹规划现代物流装备的设计、制造和管理。深化北斗系统在物流运输配送过程中的诱导作用，增强环境感知能力，规范数据融合标准，提升装备的信息化水平。加大智慧公路和智慧航道的研究力度，推进智慧公路试点工程和智慧航道示范工程建设，加大智慧港口、智慧空港、智慧陆港的建设力度，打造一批智慧化物流枢纽。聚焦物流装备材料、物流装备控制系统等装备科技的研究，注重低碳节能，使其标准化、安全性程度大幅提升。加强物流装备制造的数字化内涵建设，尤其是末端物流站点自动收取设施的智能化建设，开发末端物流自动除菌消毒装置，提升末端物流设施的安全性。加强区域综合运输网络协调、协同技术系统的研发和应用，强化区域综合运输协同管控技术的开发应用，推进船岸协同系统的研发和应用，构建内河航运安全管控体系和应急救助系统。加快网联车辆的研发进度，强化智能驾驶、车路协同技术的研发和应用，形成智能物流装备产业链。强化特种物料、危化品等大型专用车辆、船只的数字化研发建造力度，加强特种物流装备智能化的自主研发能力。

（3）进一步加强物流装备功能的集成化建设。

要深化物流装备的集成化研究，将绿色、智能、便利、系统等理念贯穿到物流装备研发、设计、制造、维护的全过程。一是加强现代科学技术的集成，使物流装备成为先进"智造"应用的形象典范，包括清洁新能源的应用、数字化系统的控制、标准化设施的对接等方面。二是加强物流功能的集成，增强物流装备的综合承担能力，推进物流运输车辆、船只的模块化组装功能，充分考虑医药产品调温功能、干湿产品隔离功能、鲜活产品运输功能、易燃产品防护功能的科学组配。三是加强物流联运功能的集成，推进陆运、空运、水运器具的联运标准设计研究，在宜水则水、宜陆则陆、宜空则空的原则下提供水、陆、空联运的装备支撑，加强统筹性、系统性思维。

（4）进一步加强物流装备设计的国际化建设。

要持续加强市场开放度，正确处理核心知识产权的自主可控性与国际供应链市场以及经济全球化发展大趋势之间的关系。要着眼于国际标准和国际需求，拓展物流装备的国际化市场占有率。以"一带一路"沿线国家（地区）为着力点，研究陆海空联运的技术问题，建立克服联运瓶颈、提升换乘绩效、减少转运损耗的技术系统，从宏观层面建立物流畅通连廊。鼓励企业"抱团"走出去，建立境内外物流与供应链联盟，突出联盟中企业的主体地位，深化技术合作的产学研创新体制机制。推进境内外合作的物流技术实验室建设，扩大物流装备标准化覆盖区域范围，探寻最大"公约数"，加大物流设施设备资源的协同共享力度，提升物流国际化支撑力。

6.3.3　物流网络

（1）优化提升物流实体网络的覆盖率。

基于共同配送、物流协同等理念，加大物流节点的优化布局，织密末端物流配送方格，重点完善中西部地区、偏远乡村的物流网络，提升物流网络的覆盖率。应将物流节点网络建设与农产品上行结合起来，促进工业及消费品的下行与农产品上行的有机协调，通过双向流动降低物流成本。加强电商物流末端配送站点的规划和建设，推进末端智能化存取设施的布局、建设和维护。鼓励物流规模企业相关功能向下游节点延伸，通过分级布局提升覆盖率。提倡快递物流企业、邮政物流等相关规模配送企业在终端设施建设上的协同合作，增强末端物流的规模效益。

（2）优化提升物流信息网络的通达度。

在电商和跨境电子商务平台高质量运行环境下，电商物流服务市场也在迅速壮大。由于线上电商和线下物流的孪生匹配性，加强物流的信息网络建设具有重要意义。应利用畅通共享的信息环境，加速商流、物流、资金流的有效融合，着力推进物流市场供需之间的信息共享，扩展政府服务信息的共享窗口，鼓励物流企业之间的信息共享。推进物流信息化系统的转型升级，强化对物流运输、仓储、流通加工、末端配送、质量溯源等环节的监测信息采集，提升物流全过程信息化监测水平。应加大跨境电商物流平台与海关、海事、口岸管理部门的信息对接力度，深化多源信息融合。加强电商物流平台的第三方支付、物流金融、物流保险等信息的协同发展，提升物流信息化系统的整体绩效。进一步加大物流信息资源的挖掘力度，利用科学模型进行有效预测，主动防控物流信息系统风险。

（3）优化提升物流供应链网络的国际化率。

尽管国际贸易环境不断变化甚至有时出现逆国际化现象，但总体态势仍然支撑全球供应链采购以及国际物流的发展。在此态势下，需要进一步加强全球供应链物流网络建设，优化国际物流网络节点布局，保护国际节点安全，畅通国际物流通道。强化物流供应链在国内、国际"双循环"建设中的地位和作用，推动商贸物流型境外经贸合作区建设，打造国际物流网络支点。支持相关企业建设海外仓和海外物流中心项目，发挥物流企业在全球营销中的支撑作用。鼓励商贸企业、物流企业通过签订中长期合同、股权投资等方式建立长期合作关系，将物流服务深度嵌入供应链体系，提升国际市场需求响应能力和供应链协同效率。加强航空物流在国际物流与供应链网络建设中的快速响应作用，打造安全可控的国际化物流供应链网络。

6.3.4 物流法规

作为关系到国计民生的战略性、先导性和基础性产业，物流业必须规范治理，在国家依法治国战略下发挥先锋作用。尤其在物流强国建设过程中，更要加强法治建设，推进依法经营、依法建设、依法管理。

（1）加大物流相关法律的立法力度。

在《中华人民共和国宪法》的统领下，我国的立法步伐在逐步加快。对物流领域来说，国家现已制定并实施了与之相关的产品质量法、邮政法、对外贸易法、道路交通安全法和电子商务法等法律。但与物流强国直接关联的国家物流服务相关法律尚未制定出台，上升到国家法律层面的物流强国建设和治理依据尚为空白，亟待加速推进。

（2）完善物流法规的覆盖层次。

由于物流环境的随机变化，需要国家出台规范性文件予以调控，这就显示出行政法规的重要性。对物流强国建设来说，在运输条例、道路安全条例、快递条例、货物进出口条例、危化品安全管理条例、信息安全条例等领域国务院已经颁布并实施了规范性文件。但物流仓储、物流服务质量、物流金融、冷链物流、生产物流、商贸物流、物流供应链管理等与物流业核心功能相关的领域尚未达到行政法规条例的高度，针对物流服务法规的覆盖层次尚待扩大和完善。

（3）推进物流规章的执行成效。

国务院部门制定的规章和地方政府制定的条例是国务院行政条例的有效补充，是实施国家法律和贯彻国务院法规的有效措施。现有的物流规章多涉及海关监管、跨境电商物流、物流规划、物流枢纽、物流园区等领域。由于物流服务业的专项法律没有立法到位，其相应的专项法规和部门规章也就缺少了相应的法源。为推进物流强国建设进程，有必要加快物流规章的实践探索，并以此为基础，加快推进物流法规和物流法律的制定和颁布。对已有的物流相关法律和行政法规，要加快制定实施配套的物流规章，并强化其执行成效。

（4）加强物流产业的依法治理。

为了支撑物流法规体系的高质量构建，应加大物流强国建设进程中对物流业发展运营依法治理的实践探索。在实践中发现问题、在解决问题中汇聚治理的诉求，进而形成针对性的法律条款。要培养物流从业人员和物流工程项目建设者的法治意识和守法素养，在法治规范范围内创新发展。要培养道路执法人员的法治素养和执法水平，杜绝对物流运输企业和司乘人员的乱收费、乱罚款。要依法约束物流企业的行为规范，强化其低碳环境意识、优质其服务意识，确保其依法经营。

（5）提升物流标准的国际市场应用率。

物流标准的制定和实施是推进物流领域法治建设的重要支撑。物流标准在一定程度上代表着一个国家（地区）在国际物流市场中的话语权。鼓励地方政府、科研机构、企业、社会团体分类推进建立智慧物流系统、自动化码头、无人配送的基础设施标准规范，形成一批地方标准、团体标准、企业标准，并以此为基础，拓展国际标准市场。积极推动全球物流领域治理体系建设，促进国际物流规则、制度、技术、标准的"引进来"和"走出去"，积极参与国际物流组织治理框架下规则、标准的制定和修订，提升我国物流行业在国际交流中的话语权和影响力。

6.4　本章小结

聚焦物流强国建设重点的总体路径，深入剖析了指导思想、基本原则和建设目标；针对重点维度的遴选，探讨了遴选方法、遴选流程和算例分析；重点剖析了物流设施、物流装备、物流网络和物流法规四大重点维度的结构要素，有利于启迪和提升对物流强国建设相关问题的思考。

7 物流强国建设的重大工程

通过物流强国建设的重大工程研究，设计方法途径，探究物流强国任务之链。根据物流强国建设的总体思路和重点维度，强力推进现代物流业与制造业、现代农业和其他服务业之间的融合发展，实施融合工程；为进一步降本增效，运用供应链管理思维，需要在多式联运工程领域作出更大努力；物流强国建设要塑造优秀的优质物流文化，实现各领域、各节点对其支持，就需要实施跨界工程。根据融合、联运和跨界这三大工程，设计建设实施的一系列任务链。

7.1 融合工程

物流作为复合型产业，其最大效能的发挥体现在与其他产业的融合发展之中。2019 年 11 月，国家发展改革委等 15 部门印发了《关于推动先进制造业和现代服务业深度融合发展的实施意见》，提出"鼓励物流、快递企业融入制造业采购、生产、仓储、分销、配送等环节，持续推进降本增效"。这足以说明，物流与智能制造业、现代农业、其他服务业之间的融合协同将极大地促进物流强国系统建设。因此融合工程理应成为实现物流强国建设路径的重要内容。

7.1.1 融合发展的意义

融合一词的用法，早在晋代史书《华阳国志·汉中志·涪县》中就有记载："屠水出屠山，其源出金银矿，洗取，火融合之为金银。"这是从物理的角度来阐述融合的意义。从汉语字面意义上去理解，融合可以认为是几种不同的事物凝聚成一体。

从现代经济学或管理学的视角，融合指的是相互匹配的过程，具有"趋同"的意义，通过趋同，逐步使产业边界萎缩或消失。在物流强国建设进程中，需要推进"两业融合"和"多业融合"。这里"融合"是指两者或多者之间通过资源要素的相互渗透、相互交叉、相互合作、相互协调、相互促进、相互外化以实现发展决策、产品研发、生产经营、管理服务诸环节效率和效益的改善和提升，进而打破产业边界，实现资源要素的统筹运用。

（1）融合发展有利于优化物流产业的内部分工。

物流业的独立发展得益于产业内部的分工细化，物流业高质量发展又依赖于与其他产业的深度融合。将物流功能从制造业、农业、商贸服务业中分离出来，再进一步融合进去，这是一个转型升级的过程，也是一个功能优化的过程。从分工和融合的字面含义上理解，分工可以看作由两个或两个以上的个体或组织去执行原本既定一个个体或组织所执行的操作或职能；融合则相反，它是由一个个体或组织去执行原本由两个或两个以上的个体或组织所执行的不同操作或职能。常言道："分久必合，合久必分。"这在物流业发展过程中已经再次应验。起初，物流包含在制造业、农业、商贸业生产经营流程组织之中，或者只是这些产业的企业组织的一个部门。由于强调企业的核心竞争力打造，人们就主张将企业的非核心业务外包，这时物流就从它们之中独立了出来，形成了第三方物流。现在和未来推进的物流业与其他产业的融合发展，并不是简单的部门回归，而是在新发展理念下，物流企业与制造企业、农业组织和商贸企业的协同合作，是一种高层次的分工协作。

（2）融合发展有利于提升物流产业的集聚能力。

借助产业间的融合，物流产业将出现集聚效应、扩散效应和规模效应，一批合理、高效的物流产业集群将相继产生。在物流产业融合过程中，物流企业横向一体化体现了市场分工向企业内分工的转化，这会激发节约交易成本的内在机理；而物流纵向融合，更是节约了外生和内生交易成本。一般来说，物流产业融合只是整合分工范围、转化分工层次，并没有消除分工。物流产业融合发生后，原来限于各自领域的分散资源突破界限，资源要素被整合并重新配置使用，为供应链横向或纵向的延伸、业务模式的创新、市场的开发提供了支撑，夯实了新型物流服务的基础。在融合进程中，物流信息技术、模块化分工、市场需求、竞合关系、产业制度等各个要素通过内外作用，共同促进了物流产业集聚力的提升。

（3）融合发展有利于推进物流产业的创新发展。

新一代信息技术的发展，改变了原来的时空分隔，拉近了全球供应链节点之间的距离，重构了制造业、商贸业和特色农业内部物料采购、产品流程的程序，这为产业之间的融合发展提供了机遇。数字技术支撑下的产业融合实际上是一场新的产业革命，是一种突破传统范式的模式创新。物流企业与生产制造企业的融合，关键是双方协同制订合作方案，由物流企业将生产制造企业的物料采购、库存管理、线边库管控、产成品储运、商品运输等承担起来，以合同的方式予以确认。这有利于物流企业解放思想，主动提升合作服务水平。通过物流产业与其他产业的融合，拉长了物流企业的业务流程，扩大了物流企业的服务机会，扩展了物流企业的创新空间，进而推动了物流产业的创新发展。

7.1.2　融合路径的探索

无论是物流产业与信息化的融合发展，还是物流产业与现代制造业、特色农业或其他服务业之间的融合，都要重视规划的引领、平台的作用和市场的机制，要高质量、高效率地推进物流产业的发展。

（1）以规划为引领。

对于规划，字面意义可以这样剖析：规者，规则，有法度也；划者，划界，戈也，分开之意，合起来规划就是指为完成某一任务而作出比较全面的长远打算的方案。一般来说，规划具有全面性和长远性，是对面临的事件作出的整体、系统和可持续的思考。

物流强国建设是在物流规模足够庞大、物流系统日趋复杂、物流作业持续提升的环境下提出的一项重大系统工程，其融合发展需要精密谋划。在现代制造业中，由于信息技术的支撑，流程和效率在迅速变革和提升，物流环节也必须实施新的模式。原材料采购物流、生产物流、仓储物流、销售物流等这些环节与第三方物流企业如何深化合作，尤其是新的制造企业在厂址选择和流水线布局建设时，如何将生产制造系统与物流运营有效结合在一起，就需要系统规划。特色农业的培育和发展是一个新兴事物，如何与文旅、精加工、深加工、电子商务等相衔接，就需要充分考虑每一个环节的实体物流配套，特别是在物流设施选址上，更需要与特色农业同步规划和设计。物流产业与商贸服务业的融合也是如此，无论是国内商务还是国际贸易，都需要实体物流产业的相互支撑。海运、陆运、空运等多种物流方式需要堆场、仓库、保税区域等空间场所的配套，如果没有统筹发展规划就难以高效运作。因此以规划为引领将是物流产业实施融合发展的首要选择。

（2）以平台为依托。

在新一代信息技术支撑下，物流经营、管理、合作、研发等环节数字化平台日益完善。在现代物流功能设置中，信息化本来就是其中一项重要组成，没有畅通的信息流，就谈不上现代物流业的运营。尤其是从物流供应链系统的视角思考问题，数字化平台更是支撑物流业与其他产业融合发展的基石。

物流强国建设的短板在农村，为弥补这一短板，国家大力推进数字乡村建设。倡导发挥"互联网+"作用，推进农产品出村进城。如何实施这一工程，就需要在仓储、流通加工、包装、冷链等领域加强综合管控，建设智慧物流中心，为国家战略的实施夯实基层平台。以此类平台为支撑，赋能线上线下渠道发展，做强特色农场和实体体验店，拓展电商物流专线，打造城乡居民双赢局面。事实上，数字乡村发展战略，重在强化城乡数字物流平台或区域电商平台建设，农村通畅的基站、网络是支撑平台高效运作的基础。通过平台建设，将有效支撑物流配送企业与特色农产品专业户深度融合，进而提升农业产业化和现代化水平。

（3）以市场为纽带。

依照宪法，国家实行社会主义市场经济体制，市场机制是配置资源的决定性力量，物流产业的融合发展必须坚守这一律条，重视市场和消费者对物流业发展的诉求。在过去产业发展进程中，已经出现了像电解铝产业、光伏产业等在市场运作中大起大落的诸多案例，未来物流业与其他产业的融合发展必须以市场规律为指导，用市场的力量吸聚各种资源要素。

在市场力量撮合下，物流产业与现代制造业的融合绝不是重新回到生产企业的一个物流部门，而是独立的第三方物流企业主动融入生产制造企业的生产经营诸环节中去，或者用基础设施比较完善的物流园区集聚现代制造业。就像临空产业示范区发展临空指向性产业那样，吸聚了一批高端制造业落户园区，与航空物流密切配合，形成了较好的产业融合效果。

7.1.3 融合进程的评价

产业间的融合可用融合度或协同度来评价，这里重点探索评价原理。经专家座谈、实证分析并参考前期研究成果，发现现代物流业的发展符合种群生态学的 Logistic 模型的成长规律，基于该模型可以形象地表示现代物流业与现代制造业的互动关系。

（1）研究假设。

假设 1：现代物流业与现代制造业的发展过程服从 Logistic 模型的成长规律，即现代物流业与现代制造业的种群密度影响双方的产出增长率。

假设 2：现代物流业与现代制造业的发展水平分别是时间 t 的函数。时间 t 可以抽象地表示全部影响产出水平因素的变化。

假设 3：现代物流业与现代制造业的发展过程中，其产业发展水平存在一个与规模相关的最大值 k，种群规模越大，k 值越大。

（2）模型构建。

通过 Logistic 模型来描述现代物流业与现代制造业互动关系，其微分形式可以表示为：

$$\frac{\mathrm{d}N_{(i)}}{\mathrm{d}t} = rN_{(i)}\left(1 - \frac{N_{(i)}}{k}\right) \tag{7-1}$$

式中，$N_{(i)}$ 表示集群随时间发展的产出率，r 表示自然增长率，k 表示融合经济环境中种群容量的最大值，随着发展容量趋于饱和，产出的增速放缓，达到稳定的均衡状态。$\frac{1 - N_{(i)}}{k}$ 作为修正值，表示尚未利用，存在可以继续增长的空间。

Lotka-Volterra 模型是在 Logistic 模型的基础上通过微分方程模拟两个或两个以上主体之间的动态竞合增长态势，具有较好的预测与数据拟合作用。双主体或多主体增长的 Lotka-Volterra 模型是微分动力学系统模拟融合经济内现代物流业与现代制造业集群的动态关系，现代物流业集群与现代制造业集群在无互动关系的演化模型中具体表示为：

$$\begin{cases} \dfrac{\mathrm{d}N_1}{\mathrm{d}t} = r_1 N_1 \left(1 - \dfrac{N_1}{k_1} \right) \\ \dfrac{\mathrm{d}N_2}{\mathrm{d}t} = r_2 N_2 \left(1 - \dfrac{N_2}{k_2} \right) \end{cases} \tag{7-2}$$

式中，N_1 表示现代物流业集群的产出水平；N_2 表示现代制造业集群的产出水平；r_1 和 r_2 分别表示现代物流业与现代制造业的自然增长率；$\dfrac{N_1}{k_1}$ 与 $\dfrac{N_2}{k_2}$ 为自然饱和度，表示现代物流业与现代制造业发展水平占各自能够达到最高水平的比例。$1 - \dfrac{N_1}{k_1}$、$\dfrac{1 - N_2}{k_2}$ 则代表现代物流业集群与现代制造业集群的产出尚未实现部分在最大产出环境容量中所占的比例。

现代物流业集群与现代制造业集群的互动关系会经历不同的阶段，所以，在式（7-2）中引入影响系数 α 和 β 来反映互动关系类型。当现代物流业集群与现代制造业集群形成紧密的互动关系时，借鉴 Lotka-Volterra 方程，联立现代物流业集群与现代制造业集群互动关系演化动力模型：

$$\begin{cases} \dfrac{\mathrm{d}N_1}{\mathrm{d}t} = r_1 N_1 \left(1 - \dfrac{N_1}{k_1} + \alpha \dfrac{N_2}{k_2} \right) \\ \dfrac{\mathrm{d}N_2}{\mathrm{d}t} = r_2 N_2 \left(1 - \dfrac{N_2}{k_2} + \beta \dfrac{N_1}{k_1} \right) \end{cases} \tag{7-3}$$

式中，α 表示现代物流业集群对现代制造业集群的影响系数，$\alpha\left(\dfrac{N_2}{k_2}\right)$ 表示现代物流业集群对现代制造业集群的影响程度。β 表示现代制造业集群对现代物流业集群的影响系数，$\beta\left(\dfrac{N_1}{k_1}\right)$ 表示现代制造业集群对现代物流业集群的影响程度。

根据 α、β 的数值，可以判断现代制造业集群对现代物流业集群的互动关系类型，通过 α、β 不同的取值范围对现代制造业集群对现代物流业集群的互动关系作出如下判断。

（i）当 $\alpha = 0$，$\beta = 0$ 时，表示现代制造业集群与现代物流业集群相互独立发展、没有任何交集，不存在互动关系。

（ii）当 $\alpha > 0$，$\beta < 0$ 或 $\alpha < 0$，$\beta > 0$ 时，表示现代制造业集群与现代物流业集群一方的发展要依附于另一方，存在不断从对方获取发展资源的寄生关系。

（iii）当 $\alpha > 0$，$\beta = 0$ 或 $\alpha = 0$，$\beta > 0$ 时，表示现代制造业集群与现代物流业集群只有一方从互动中获益，互动关系对另一方的影响为零，既没有获益也没有损失，此时双方的互动关系为偏利关系。

（iv）当 $\alpha > 0$，$\beta > 0$ 时，表示现代制造业集群与现代物流业集群都能从互动中获益，存在互惠关系。且 $\alpha \neq \beta$ 时表示双方互惠的程度不同，为非对称性互惠；$\alpha = \beta$ 时表示双方互惠的程度相同，能量实现等量交换，为对称性互惠。

（3）现代制造业与现代物流业互动关系稳定性分析。

现代制造业集群与现代物流业集群互动演化的稳定状态与均衡点不同，达到稳定状态的均衡点意味着集群稳定在最大的产出。

令 $\dfrac{\mathrm{d}N_1}{\mathrm{d}t} = 0$、$\dfrac{\mathrm{d}N_2}{\mathrm{d}t} = 0$，通过求解得到 4 个均衡点，分别是 $p_1(k_1, 0)$、$p_2(0, k_2)$、$p_3(0, 0)$、$p_4\left(\dfrac{k_1(1 + \alpha)}{1 - \alpha\beta}, \dfrac{k_2(1 + \beta)}{1 - \alpha\beta}\right)$。

对于现代制造业与现代物流业互动关系演化模型，研究其 4 个均衡点的稳定性，首先在均衡点处将模型展开为只取一次项的泰勒级数：

$$\begin{cases} \dfrac{\mathrm{d}N_1}{\mathrm{d}t} = r_1\left(1 - \dfrac{2N_1}{k_1} + \alpha\dfrac{N_2}{k_2}\right)(N_1 - N_1^0) + r_1\alpha\dfrac{N_1}{k_2}(N_2 - N_2^0) \\ \dfrac{\mathrm{d}N_1}{\mathrm{d}t} = r_2\left(1 - \dfrac{2N_2}{k_2} + \beta\dfrac{N_1}{k_1}\right)(N_2 - N_2^0) + r_2\beta\dfrac{N_2}{k_1}(N_1 - N_1^0) \end{cases} \tag{7-4}$$

其系数矩阵可以表示为：

$$A = \begin{vmatrix} r_1\left(1 - \dfrac{2N_1}{k_1} + \alpha\,\dfrac{N_2}{k_2}\right) & r_1\alpha\,\dfrac{N_1}{k_2} \\[4ex] r_2\beta\,\dfrac{N_2}{k_1} & r_2\left(1 - \dfrac{2N_2}{k_2} + \beta\,\dfrac{N_1}{k_1}\right) \end{vmatrix}$$

通过系数矩阵求解现代制造业集群与现代物流业集群互动关系模型的均衡点，首先得到系数矩阵的行列式 det A 和迹 tr A。根据稳定性理论，当 det A>0且 tr A<0 时，均衡点为稳定的状态。在对比分析矩阵行列式与迹的基础上，得到现代制造业与现代物流业集群互动关系模型稳定的均衡点与条件。

通过以上对比可以看出，不同互动关系对应的均衡点也不同，寄生稳定的均衡点可以为 $p_1(k_1,\ 0)$、$p_2(0,\ k_2)$、$p_4\left(\dfrac{k_1(1+\alpha)}{1-\alpha\beta},\ \dfrac{k_2(1+\beta)}{1-\alpha\beta}\right)$，偏利、非对称性互惠共生与对称性互惠共生稳定的均衡点均为 $p_4\left(\dfrac{k_1(1+\alpha)}{1-\alpha\beta},\ \dfrac{k_2(1+\beta)}{1-\alpha\beta}\right)$。现代制造业集群与现代物流业集群互动关系演化稳定的均衡点与共生模式相关，主要受双方集群的协同竞争系数与种群最大容量的影响。

（4）融合评价。

现代经济的融合发展是指以信息技术为现代物流业的载体和现代制造业的推动力量，通过外部环境、人才、技术的内部输入，促进现代经济发展。

（ⅰ）评价指标体系的建立。

现代物流业与现代制造业发展水平的测度需要考虑多个维度的不同评价指标，需要考虑经济的增长、运行的效率、发展潜力等，既考虑当前的发展水平，也要关注未来的发展趋势。根据数据的科学可量化原则、独立性原则、易获得原则，在参考相关研究成果的基础上，对现代制造业与现代物流业分别选取了五个指标，如表 7-1 所示。这些指标受限于一定区域、一定企业，均为正向指标，即指标值越大两大产业之间的融合发展程度越高。

表 7-1 现代制造业与现代物流业融合发展评价指标

	评价指标	编号		评价指标	编号
现代制造业	线上采供平台数量（台）	X1	现代物流业	融合业务物流企业数量（个）	Y1
	企业供应链数量（个）	X2		融合业务物流企业总费用（万元）	Y2
	企业供应链创新应用人员（人）	X3		融合发展物流创新专利申请数（个）	Y3
	R&D 内部经费支出（万元）	X4		融合业务物流企业增加值（万元）	Y4
	企业供应商管理库存和销售物流前置仓数量（个）	X5		融合业务物流企业供应链协作服务利润额（亿元）	Y5

（ii）数据处理。

由于在样本空间采集的数据中存在不同的指标属性、单位、量纲，为便于统一核算，这里将采用最小—最大规范化方法进行标准化处理，其计算公式为：

$$\begin{cases} 正向指标：U_{ij} = \dfrac{x_{ij} - \min(x_{ij})}{\max(x_{ij}) - \min(x_{ij})} \\ 逆向指标：U_{ij} = \dfrac{\max(x_{ij}) - x_{ij}}{\max(x_{ij}) - \min(x_{ij})} \end{cases} \tag{7-5}$$

其中，x_{ij} 代表原始指标数据，U_{ij} 代表处理后的标准化值，i 代表年份，j 代表指标序号。通过数据的年平均增长率确定指标的临界点的限值，$\max(x_{ij})$ 表示指标的最大值，$\min(x_{ij})$ 表示指标的最小值。

根据熵值法来确定指标权重。

（iii）计算指标的熵值：

$$E_{ij} = -\frac{1}{\ln(n)} \sum_{i,j=1}^{n} \frac{x_{ij}}{\sum_{i,j=1}^{n} x_{ij}} \ln\left(\frac{x_{ij}}{\sum_{i,j=1}^{n} x_{ij}}\right) \tag{7-6}$$

（iv）计算指标的权重：

$$W_{ij} = \frac{1 - E_{ij}}{\sum\limits_{i, j = 1}^{n} (1 - E_{ij})} \tag{7-7}$$

现代制造业、现代物流业的综合发展水平指数的公式为：

$$\begin{cases} H_x = \sum\limits_{i = 1, j = 1}^{n} U_{ij}W_{ij} \\ H_y = \sum\limits_{i = 1, j = 1}^{m} U_{ij}W_{ij} \end{cases} \tag{7-8}$$

其中，H_x 代表现代制造业综合评价指数，H_y 代表现代物流业综合评价指数，n 与 m 分别表示评价指标中反映现代制造业发展水平、现代物流业发展水平的指标个数。

（v）耦合度与协同度。

耦合度表示现代制造业与现代物流业之间融合发展关系的强弱，具体的模型构建如下：

$$C = \frac{H_x \times H_y}{\left(\dfrac{H_x + H_y}{2}\right)^2} \tag{7-9}$$

其中，C 代表现代制造业与现代物流业的耦合度，C 的取值范围为 $0 \leqslant C \leqslant 1$。$C$ 值越接近 1，反映现代制造业与现代物流业的融合发展情况越好。需要特别注意的是，耦合度模型有时候会存在虚高的情况，不能真实反映现代制造业与现代物流业之间的融合发展水平，因此需要构建现代制造业与现代物流业协同度模型：

$$\begin{cases} D = \sqrt{C \times T} \\ T = \lambda H_x + \mu H_y \end{cases} \tag{7-10}$$

其中，D 表示现代制造业与现代物流业协同度；T 为现代制造业与现代物流业综合评价指数；λ、μ 为待估参数，代表现代制造业与现代物流业的权重，一般两者之和等于 1。考虑到现代制造业与现代物流业在数字经济中的重要性，故 λ、μ 假定都为 0.5，赋予现代制造业和现代物流业同等重要的地位。

现代制造业与现代物流业的协同度越高，表明二者的融合发展水平更高。

根据企业统计报表和行业统计数据，可以进行实证分析或算例分析，这里从略。

7.1.4 融合发展的对策

根据融合发展评价，找出相应的短板，实施针对性的策略。

（1）提高认识，强化融合发展理念。

融合发展是国家的一项重大治国方略，是深化供给侧结构性改革的必由之路。即使在新一代信息技术支撑下，各个产业之间也不可能在封闭孤立的环境下运作。因此产业的规划和引导，必须站在全球的视野下，以融合发展推动智能产业，加速实现由"中国制造"向"中国高端智造"的跨越，这需要新动能的驱动，需要深度融合。在一定意义上说，融合发展是我国物流强国与制造强国建设的战略交汇点。实施融合发展，有利于信息化技术推进制造业采供方式、营销模式和实体物流的模式重塑，进而推动生产制造业的流程再造，加速制造业的转型升级。

融合发展需要知行合一，要善于发挥现代物流与智能制造的效应叠加，使之增强产业间的优势聚合力，实现倍增效应。在融合发展过程中要注重培育新业态，要不断研究市场新需求，发现新机遇，进而加速资源重新配置，形成全要素生产力，推进我国在物流强国建设进程中，从与发达国家的"并跑"快速跨到"领跑"的新格局中。

（2）凝聚力量，抓好时空重点维度。

对融合发展的园区平台建设，要科学制定实施的时间节点，调集各方力量，有序推进。要紧抓数字技术支撑这个主线，放眼国际化视野，抢抓发展机遇，争当融合发展的排头兵。在空间上，要根据东、中、西部区域融合发展所表现出的不同状态、不同背景，实施促进融合发展的差异化精准政策体系。要区分沿海航运物流、内陆公运、铁运物流以及空运物流各类枢纽园区的不同，推进现代物流与制造业、特色农业、其他服务业之间的耦合和适配，推动区域内部资源和要素的优化配置、利用效率的提升。在相关产业政策制定和实施过程中，应注重具体情况具体分析，切忌一刀切。对于不同产业领域之间的融合模式，要有一个整体的把握。要引导相关产业融合共生，构建均衡协调的物流产业体系，实现现代物流业的转型升级和提质增效。

（3）加大投入，推进产业转型升级。

物流业与现代制造业、特色农业之间的融合，需要在现代数字技术支撑下进行，因而三大产业的转型升级必须加大力度推进。一是加大设施更新，推进设施设备的信息化、数字化和现代化，向智能化经营管理要质量、要效益。二是加大研发投入，创造更多的自主知识产权，用科技创新引领行业发展，用先进平台融合现代物流业与其他产业。三是加大人才引育投入，提升企业自主创新实力，先进的技术需要创新人才去开发，高水平的人才是物流业与其他产业高质量融合的关键。

（4）厘清边界，把控政府市场关系。

在市场经济环境中，政府在推动产业间的融合发展时要注重引导，要注意把握政府与市场之间的关系。政府要做好顶层设计和政策引领，推动物流业与制造业、农业和其他服务业之间的融合，企业是运作的主体，企业将根据市场机制调配资源、决定融合的细节。在顶层设计时，要统筹规划产业园区和物流园区相应的功能，创新管理体制和运营机制，使市场调节作用和政府指导策略相互协调配合。政府在实施物流重大工程决策时要明晰政府行为边界，善于营造有序又宽松的产业发展环境，使各类市场主体在新业态下的动力和活力得到充分释放。市场机制要在技术创新、方法创新、流程创新等领域发挥作用，在"两业融合""多业融合"发展的路线选择、商业模式创新、资源配置使用等环节发挥决定性作用。

7.2　联运工程

融合工程探寻的是物流产业与其他产业之间的共荣发展问题，而联运工程则是探求物流产业内部如何协同发展的问题。面对"碳中和""碳达峰"以及"节能降耗"的环境改善压力，物流强国建设过程中加快运输方式的优化具有时代紧迫性。当前我国多种运输方式的优化整合程度仍然较低，协同衔接仍不顺畅、市场环境没有得到根本改善、法规标准仍不健全、先进技术应用仍然滞后，在多式联运环节存在的问题依然突出。为进一步提升多式联运的绩效，加大多式联运的理论研究和实践探索对物流强国建设十分必要。

7.2.1 多式联运的概念

多式联运方式具有悠久的实践历史，车拉马驮、水陆转运等物流运输方式在我国早有实践。到了近代，英美等西方国家在铁路运输开始之后，现代意义上的联运实践逐步显示成效。1980年，在日内瓦举行的联合国国际联运会议第二次会议上，正式通过了《联合国国际货物多式联运公约》，多式联运的作用和地位再次引起人们的重视。

现代意义上的多式联运（Intermodality），是指在节能降耗条件的约束下，两种及以上物流运输工具相互衔接、共同完成物流任务的运输活动。《联合国国际货物多式联运公约》中对多式联运的界定是：按照国际多式联运合同，以至少两种不同的运输方式，由多式联运经营人把货物从一国境内接管地点运至另一国境内指定交付地点的货物运输。多式联运作为依托两种及以上运输方式的有效衔接，有效规避了单种运输方式的缺陷，提供了全程一体化的物流运输服务，具有产业链条长、资源利用率高、能源消耗低、综合效益好等特点，对推动物流业降本增效和物流运输绿色低碳发展具有积极意义。

在多式联运物流运输活动中，联运链条上的各个物流运输服务提供者之间具有相互协作关系。从拼装箱、箱流集结、转载、运输、拆箱到配送至最终客户的各个环节都紧密相扣，拼装业者、卡车运输企业、场站经营业者、干线运输业者等都必须在各结合部做好搬运、装卸、储存等过程的协作，以确保整个链条的完整、畅通和有效。不同物流运输服务提供者需要在恰当的时间、空间配置恰当的支撑资源，即确保物流活动实现时、空、物的耦合，实现物流运输能力间的匹配。

中外多式联运的发展在不同时代有不同的背景，但有一个共同点就是节约成本、提高效率。由于受基础设施的限制，我国多式联运多年一直在徘徊中探索。20世纪末，上海港提速海铁联运发展步伐，随后天津港、宁波港、深圳港、连云港、青岛港等相继出台激励措施，推进海铁联运的发展。由于受铁路桥涵建设标准的限制，铁路集装箱双层运输难以突破，铁路运力受到制约。

多式联运需要枢纽、园区、堆场的支撑。陆路物流运输方式的转换需要空间的支撑和衔接，门到门、门到场的运输物流对接需要周密的转换方案。因此，多式联运的高效实施一方面必须着力破解多式联运末端微循环瓶颈制约，重点推进全国主要港口、陆港的集疏港连接线建设；另一方面必须完善铁路集装箱中心站、铁路物流基地等进出站场配套道路设施。

随着疫情防控的开展，空铁联运、公空联运的步伐也在加快。尤其是多地着力推进临空经济示范区建设，示范区内物流专项仓库得到了统筹布局。各地航空货运枢纽以及邮政快递分拨中心项目纷纷上马，大型综合物流园区的铁路专用线也在迅速增加。多式联运枢纽站场与城市主干道的连接工程逐步建成，干支衔接能力和转运分拨效率显著提高。尤其是不同运输方式在票据单证格式、运价计费规则、货类品名代码、危险货物划分、包装与装载要求、安全管理制度、货物交接服务规范、保价保险理赔标准、责任识别等方面得到了统一谋划，"门到门"一体化运输组织的多式联运服务规则逐步系统化、规范化和制度化。

7.2.2　多式联运的要点

与单一物流运输方式相比，多式联运物流运输模式是对单一运输方式的完善和提升。不同物流运输方式具有不同的技术经济特性，突出表现在不同的距离范围内有不同的成本优势。多式联运是将具有不同技术经济特性的运输方式进行重塑和整合。不同运输方式的技术特性在这一组合中互为补充，形成一种组合优势。如果可以进一步提高结合部即运输方式间的换装效率，还将进一步提升这种组合优势。

实施多式联运的目的是节能降耗，因此实施多式联运一般情况下有利于降低交易费用。从某种意义上说，多式联运产品属于典型的完整运输产品，这种完整性意味着运输产品的需求者不需要再提供自有运输或负责运输过程中的组织协调工作，从而极大地降低了运输需求者在以往相互割裂的运输过程中所投入的流通成本和交易费用。此外，由于集装箱等载运箱具的使用和信息追踪技术的应用，可以减少货损货差和仓储费用并增加运输过程的透明度，从而为运输需求者创造新的附加价值。

多式联运旨在追求运输资源的时空适配。运输服务的提供过程也是其消费过程，运输产品的价值与时空资源有着高度联系。因此运输的生产过程必须确保高度连续性，强调运输资源在特定时间内和空间上的恰当配置，一旦运输过程中出现停顿甚至断裂，就会产生骨牌效应，迅速消耗成本、降低效率。对于多式联运而言，由于涉及更多的互补资源和技术，处于链条中的单个主体必须紧密联系其他主体来获取这些必要资源，通过各个部分的密切协作以发挥整体功能。

多式联运的高质量发展需要进一步完善物流基础设施，织密物流运输网络和节点。要依托物流大通道，进一步优化多式联运分层、分类节点布局，打造公、铁、水、空有机结合的骨干网络。深入研究推进具有驮背运输、双层集装箱运输需求且技术经济合理的铁路通道设施技术改造。支持具有公共属性的多式联运枢纽站场和集疏运体系建设、运输装备升级改造以及信息互联共享等。

由于多式联运涉及的物流主体、物流载体多于一个，再加上物流空间节点的利益，所以多式联运物流运输活动的健康推进需要进一步健全法规标准体系。一是需要法律的保护，物流服务的质量和物流运输的安全需要依法得到保障。二是多种运输环节、运输工具需要推进标准化建设，增强物流运输方式转换时的运作效率，降低中转损耗。三是要明晰责任边界、共享条件、利益分配、信息目录、风险管控等事项，以保障物流运输系统的和谐发展。

7.2.3 多式联运的实践

多式联运通过物流枢纽城市建设提供了良好的发展机遇，物流枢纽城市多种运输方式的汇集有利于多式联运对资源的优化整合，有利于找到节能降耗的最佳运输组合方式。在实践探索中，各种关键路径已逐步清晰化。

美国围绕铁路主渠道实施的多式联运实践体现在三个方面：一是挂车运输，二是集装箱运输，三是双层集装箱运输。挂车运输方式是20世纪美国物流运输最为常用的联运方式，挂车制造有一套标准，利于火车运输的便捷上下和公路运输的便利运行。对于集装箱铁路运输，美国设计了国际标准和国内标准两种尺寸，分别有利于海铁联运国际物流活动和国内物流运输活动。

双层集装箱物流运输是美国将铁路、桥涵改造后实施的一种物流运输模式的创新。我国当前多式联运物流活动的着力点，仍然是大力发展集装箱多式联运，加快推进铁路货物集装化、零散货物快运化运输。积极推广江海中转联运、江海直达运输模式，有序发展铁路驮背运输、"卡车航班"空陆联运等组织模式。倡导多式联运物流活动需要创新组织模式，丰富联运服务相关物流产品。引导企业建立全程"一次委托"、运单"一单到底"、结算"一次收取"的服务方式，支持企业应用电子运单、网上结算等互联网服务新模式。

以中欧班列为例，多式联运模式已成功应用于中欧班列实践，并证明推进多式联运有助于提高跨境运输效率。要加快完善中欧班列跨省域、跨部门协同联动机制，有效整合中欧班列资源，加快集结中心枢纽节点建设，完善配套喂给服务网络，推动形成直达、中转等多种形式有机结合的国际联运服务模式，有利于提高国际班列的运行时效性，促进常态化稳定开行。尤其是通过统筹跨境、过境陆海联运、陆空联运协调发展，将极大地促进跨境运输服务能力的提升。

7.3　跨界工程

物流产业作为一种复合型产业、一种生产性服务业，其要素活跃于社会生产生活的各个环节、各个领域，与特色农业、加工制造业和其他现代服务业有着深度的融合。因此，物流强国建设工程必然是跨界工程。融合工程侧重于物流产业与其他产业间的行为，是综合性的；联运工程侧重于物流产业内部部分职能间的协作，是专项性的；与融合工程、联运工程相比，跨界工程则侧重于物流企业经营主体将自身的业务渗透整合到其他板块中，是创新性的。

7.3.1　跨界工程的内涵

所谓跨界，是指本属于一种属性范畴的事物，进入另一种属性范畴中去运作。尽管事物的主体没有变化，但事物的属性归类却发生了改变，起到的作用和效果一般会有明显的提升。在经济社会进入互联网经济时代后，跨界效应将更加明显和广泛。随着新技术、新思维的不断产生，跨界的态势在迅速成长中。在未来的产业发展中，一个企业或行业将很难知道自己的下一个竞争对手是谁？也很难预测新兴的什么行业会突然打败传统的哪个行业。

在数字经济时代，物流行业不同的经营主体为了应对复杂共生问题，寻求多方利益最大化，跨越原有（区域）藩篱、（职能）领域、（空间）区划、（运营）部门、（供应链）节点的界别限制，综合运用协商沟通、建立信任、凝聚共识、一致性协作行动等方式，把利益相关方的资源要素聚合到跨界行动网络中，以契约承诺、联合行动取代原有的阶层和竞争，以信任与合作共赢构建互动的协议同盟，塑造成为互联互通的一致性行动伙伴关系，并根据行动议题的具体内容、主体自身情况、权责界定、资源分配方式等变量，构建起一套整体协作的跨界经营体系，以此形成一种以协商、信任、整合、共享的经营文化为基础的新经营理念。

通过跨界工程的实施，有利于形成跨界思维。重塑物流服务产品的渠道和营销模式，更加贴近用户需求，进而整合生产企业、供应商、经销商等供应链节点要素，打造属于消费者的物流服务生态系统，形成物流产业的核心竞争力。从深层次看，对物流产业发展整体的战略视野、组织架构、管理层次和核心骨干的思维模式也是一个无形的提升。

在供应链管理模式中，跨界工程更是屡见不鲜。如医药供应商管理库存的供应链合作模式，是由需求方或使用方提供物品的消耗和库存信息给供应方，由供应方实施即时配送和管理需求方库存的模式，这需要药品供应商从现有的采购、储存、保管和分发等物流服务，向药方审核、药类调剂、用药咨询、用药教育、用药监护等以提供专业药学服务为主的转变。整合供应链，需要打破地域的界限，甚至是国际的界限，进行产业链的结合，使行业小散乱的现状通过整合得到改善。

物流强国建设进程中的跨界旨在有效推进地区间产业的转移和协同发展。在国际竞争日趋激烈的今天，单单依靠某一区域城市资源或市场诉求已经很难保持长久的竞争优势。任何地区，无论产业基础如何，必定存在产业结构上的短板。这就需要物流企业管理者跨越旧有行政辖区界限带来的束缚，积极寻求与其他地区的产业合作，通过区域合作扬长避短，发挥各自比较优势，优化产业结构，实现产业的不断升级。

7.3.2 跨界工程的特色

（1）跨界工程的多元性。

从发展全局来看，物流强国建设涉及全领域、全区域、全方位，是第一、第二、第三产业的生产和消费两大类均参与其中的重大工程，其跨界进程中必然涉及多元主体在既定目标下的互相参与、互相博弈、互相支撑，有利于建设资源的充分利用。无论是农产品物流、工业品物流还是其他服务品物流，其高效运作必然涉及系统平台、技术支撑、空间协作、质量检测、环境安全等方方面面，没有多元跨界很难持续、健康和跨越发展。从微观运营来看，面对消费者群体的市场需求，必然是通过资源整合和多元主体的合作协同，高效率完成物流运作，实现物流任务目标。

（2）跨界工程的创新性。

跨界工程本身就是一个创新事物，在新一代信息技术和便捷的空间移动背景下，物流强国建设具备了跨界运作的条件，生成了一个个跨界发展的机会，增强了物流强国建设的运行动力。在跨界工程的实施中，由于不同行业背景、不同发展经历、不同技术工种的人力资源要素汇合在一起，必然产生思维的碰撞和行为的切磋，在工作方法、运作方式和逻辑思维等环节必然出现创新的火花。物流供应链的架构是放眼于全球视野的体系，跨关境、跨文化，这自然为跨界工程提出了创新运行的诉求。不同的历史发展底蕴、不同的世界观，形成了色彩斑斓的文化积淀。文化的碰撞，是物流生产力创新发展的活力之源。通过文化的交融，不断产生新的物流需求、创造新的物流模式，从而助推物流强国建设。

（3）跨界工程的融合性。

物流强国建设作为一项系统工程，着力鼓励跨界人才、跨界技术、跨界资本等跨界资源融入建设进程中。只有强大的融合性，才有强大的市场占有率，才有强大的竞争力和发展力。国际上一流的物流企业，必然是跨国经营体，全球供应链市场的建设是企业发展壮大的重要支撑。在技术上，只有物流信息技术、物流装备制造技术、物流平台系统技术、冷链物流技术、物联网技术等跨界融合，才能形成物流强国建设的强大支撑力。在空间整合上，临空经济区、海运集装箱堆场、铁路运输货站、无水港园区、城市综合物流配送园区等既有功能的分工又有相互的协作，跨界融合增强了物流园区的服务能力。正是贸易、海关、边检、物流等多部门的协同配合，才形成了强大的跨境贸易和国际物流能力。

7.3.3 跨界工程的实施

（1）推进物流人才的跨界。

由于物流活动分布于生产生活的各个领域，面对不同的场景，需要相应的技能去解决问题。电商物流、商贸物流、跨境物流和国际物流需要掌握商务、流通关税以及物流技能的综合跨界人才；冷链物流、绿色物流需要节能环保和物流方法相互交融；物流中心、物流园区和物流枢纽的运营管理需要相应类别的行业知识和物流供应链理论的跨界融合。因此，物流强国建设需要农学、工学、药学、信息学、经济学、管理学等诸多门类人才的跨界协作。

（2）推进物流技术的跨界。

物流强国建设首先需要强大的物流装备、物流基础设施支撑，物流装备的设计、物流基础设施的规划等专业技术在物流领域与规划设计领域都有应用。物流与供应链管理运营中物联网、车联网、5G、云计算等信息化、数字化技术与物流活动相互交织。仓储物流活动中温控技术、防霉变技术、自动储存技术等多种技术手段也存在相互交叉。物流标准化技术更是贯穿于物流活动所有过程，与所在行业领域的专业技术相互交融。因此，在物流产业发展进程中技术手段绝不是单一存在的，必然推进相关技术的跨界融合。

（3）推进物流职能的跨界。

在碳中和、碳达峰背景下，物流的运输、仓储、配送等重要职能将面临供应链管理、系统绩效、经济效益和社会效益的统筹兼顾等约束条件的限制，物流职能活动的相互配合、因势整合成为客观必然。在供应链管理模式下，部分节点的利益需要让位于供应链的整体利益，单一运输方式需要让位于多式联运，业务单一的物流企业需要与平台企业密切配合，这样才能优化物流职能，提升物流绩效。事实上，一系列物流实践活动都昭示出新时代物流职能只有跨界履行，才能塑造物流强国的美好愿景。

（4）推进物流运营的跨界。

在现代物流业运营过程中，物流平台、物流金融、物流地产、物流培训等环节显示物流运营是在跨界中发展壮大的。以物流供应链的标准化建设为例，这项活动已经与现代生产制造活动、商贸活动相互交融，其跨界态势日益明显。在供应链全球采购活动中，物流与国际商务以及口岸的报关与通关业务都是深度连在一起的。为建设物流强国，只有不断扩展物流运营的跨界活动，才能拓展物流发展的市场，提升物流业的影响力和辐射带动力，进而增强物流与供应链企业的综合实力。

（5）推进物流空间的跨界。

物流强国建设必须打破物流企业运转的区域限制，在全球布局物流企业节点。近几年，尽管在经济全球化进程中出现了一些逆全球化现象，但一流物流企业仍然是国际化能力强的企业。京津冀跨行政区划的物流运作模式、粤港澳大湾区跨政治制度的物流运作模式、长三角一体化的区域物流运作模式进一步证明了只有打破空间限制，或者说只有推进物流企业的跨区域发展，才能培育出强大的物流企业或物流产业，进而助推物流强国建设。

7.4　本章小结

物流强国建设作为系统工程，需要重点推进融合工程、联运工程和跨界工程。针对物流强国建设的融合发展，研究了融合发展的意义、路径和对策，尤其是通过构建耦合协同模型，为现代物流业与其他产业间的融合发展评价提供了方法支撑。聚焦物流强国建设的联运工程，探析了多式联运的概念、实施要点和实践成效；面对物流强国建设的跨界工程，分析了跨界工程的内涵、特色和实施环节。

8 物流强国建设的评价

通过物流强国建设成效的评价体系研究，构建监管系统，调控物流强国绩效。物流强国的建设和实施，需要事前、事中和事后全环节监管。利用科学的方式、遴选评价指标、构建评价体系，选取重点领域作为案例进行评价，以确保物流产业发展的效率和效果。

8.1 评价方法

物流强国建设是一个复杂的系统，对这个系统的综合评价应该采用系统工程的理论和方法。目前，可用于评价的方法较多，但比较常用的方法主要包括聚类分析法、主成分分析法、层次分析法、模糊神经网络法、模糊综合评价法、因子分析法、信息熵法等。根据物流强国建设过程中不同的建设阶段、不同的区域，不同的评价项目、评价领域、评价要求、评价目标，可以选取这些方法中的一个或几个联合应用，通过构建指标体系、应用相关模型，可以有效提升相应评价事项的实际效果。

8.1.1 聚类分析法

聚类分析有时也被人们称为群分析、点群分析等，实际上，这是研究分类的一种多元统计方法，常常以直接聚类、最短距离聚类和最远距离聚类的方式应用于具体项目评价。由于物流产业范围较大，其物流项目的分布也较为宽泛，在展开评价时进行聚类归整是必要的。

在物流强国建设过程中，可以有多种类型划分，从物流业务内容可以分为运输物流、仓储物流、快递物流、冷链物流、物流科技、物流装备、物流治理等，从物流空间可以分为物流枢纽、物流园区、物流中心等。在物流强国建设评价中，更需要根据项目建设的需要，对某些环节进行评价，这时利用聚类分析是必要的。

直接聚类法的原理是先把各个需要分类的对象独立成类，然后根据聚类的标准，按照相距最近的原则，在包括 m 个元素（分类对象）的类集合中，可通过逐一遴选归类的方式进行。遴选最为接近的一对元素，归并成新的一类。以此类推，经过 $(m-1)$ 次就可以把全部元素归为聚类谱性质的一个大类，并可以根据归并遴选的先后顺序作出聚类谱系图，以明晰归类对象的内联脉络。

最短距离聚类法，可认为是从空间视角通过定量计算的方式来判断，在原来的 $n \times m$ 距离矩阵的非对角元素中找出 $d_{pq} = \min\{d_{ij}\}$，把分类元素 G_p 和 G_q 归并为一新类 G_r，然后按计算公式 $d_{rk} = \min\{d_{pk}, d_{qk}\}$ $(k \neq p, q)$ 计算原来各元素与新元素（类）之间的距离，这样就得到一个新的 $(m-1)$ 阶的距离矩阵；再从新的距离矩阵中选出最小者 d_{ij}，把 G_i 和 G_j 归并成新类；以此类推，直至各分元素（类）被归为一个大类为止，这个新的大类的排序是在空间距离最短标准下重组了聚类谱系。

8.1.2 综合评价分析法

自 20 世纪 80 年代以来，学术界出现了多种综合评价方法，解决了诸多实际问题，但每种方法的出发点、解决问题的思路及适用对象等不同，这些评价方法各有特点，也各有优劣。

（1）模糊综合评价法（FCE）。

在对事物的评价中，相对于某一标准，需要判断某一事物属于哪一层次、哪一类别，嵌入这一层次（类别）的程度如何。这时，人们引入了隶属度的概念，并把它限定在 [0，1] 区间，判定值越接近 1，隶属度越高；判定值越接近 0，隶属度越低。

模糊综合评价法就是借助隶属度和隶属函数，把人类的直觉判断转化为具体系数，并将约束条件量化表示，通过模糊复合运算得到模糊结果集，进而得到对一种事物的评价结果。这种评价结果不是简单的肯定或否定，而是一种状态的诠释。

这种评价方法的优点是避免各评价指标轻重程度不可分的缺陷，改变了只根据单项指标划分合格与不合格的方式。它将事物变化分为各个评语区间，可以解决强制打分法中硬性截割和评分的问题。评价结果是一般表现为一个向量，而不是一个简单的点值，它包含的信息量较为丰富。缺点是各个指标隶属度的确定在实际应用中有一定难度。指标权重的确定主观性较强，对原始资料进行加工处理导致信息量有所减退。其计算较烦琐，评价因素等级标准的划分不易把握。

（2）综合指数法（CM）。

综合指数法是各级统计部门比较常用的一种方法，根据评价的重点目标，设置评价指标体系，得出无量纲的指数值。在物流强国建设评价中，往往要借助综合评价得出发展度判断。

综合指数法在应用过程中，常常将不同性质、不同单位的各种实测指标值通过指数变换，加权得出综合指数，然后再对综合指数进行比较分析，评价建设成效的优劣。

此种方法的优点是抽样误差可以通过计算获得，可对评价对象进行假设检验，将评价结果分为不同的类别。缺点是指标权重确定方法的不同会影响准确性。

（3）秩和比法（RSR）。

秩和比法是一种将参数统计与非参数统计相结合的方法。在一个 n 行 m 列矩阵中，通过秩代换，获得无量纲统计量秩和比。它取各指标数与个体数秩和比的平均值，得出一个具有 0~1 连续变量特征的非参统计量，旨在解决综合评价、鉴别分类、关联分析、预测与决策等重要事项。

此种方法的优点是操作简便，以非参数法为基础，对指标的选择无特殊要求，适于各种评价对象；RSR 值无量纲，综合能力强，可容纳一些专用统计量的信息；可与其他数理统计方法相互交叉。

除上述三种常用方法之外，在综合评价分析中，还较多地使用主成分分析法（PCA）、数据包络分析法（DEA）等评价分析工具。

8.1.3　平均指数分析法

在发展指数编制时，人们常常使用平均指数法。这种方法是以指数化因素的个体指数为基础，通过对个体指数的加权平均而计算的一种总指数。它是编制总指数的一种重要形式。

（1）加权算术平均指数。

加权算术平均指数是指在已知或能够计算个体指数的基础上采用加权算术平均法进行综合平均的一种总指数。由于该指数是由德国经济学家拉斯贝尔首先提出的，因此人们常常将其称为拉氏指数。

当已知数量指标的个体指数 K_q，或报告期与基期的个体数量指标 q_1、q_0 以及基期的总量指标（产值或销售额）p_0q_0 并以其作为权数时；同样，已知质量指标的个体指数 K_p，或报告期与基期的个体价格指标 p_1、p_0 及报告期的总量指标（产值或销售额）p_1q_1 为权数时，即可分别计算数量指标的综合指数及质量指标的综合指数。

$$\bar{K}_q = \frac{\sum \frac{q_1}{q_0}p_0q_0}{\sum p_0q_0} = \frac{\sum p_0q_1}{\sum p_0q_0} \tag{8-1}$$

数量指标综合指数 $\bar{K}_q$ 为加权算术平均指数，$K_q = \frac{q_1}{q_0}$ 为个体指数。

由式（8-1）可知，在一定条件下，加权算术平均指数是拉氏综合指数的变形。同时只有用 p_0q_0 为权数的情况下加权，加权算术平均指数才可能与拉氏综合指数相互转换变为综合指数。如果权数不是 p_0q_0，而使用 p_0q_0 以外的任何其他权数进行加权，加权算术平均指数就不可能等于综合指数，当然，这种变形关系也就不复存在。

在实践中，按基期价格与报告期销售量所计算的假定销售额（p_0q_1）资料不易取得，而基期的销售额（p_0q_0）资料与各种商品的销售量个体指数却很容易取得。所以，加权算术平均指数适用于数量指标平均数指数的计算。

（2）加权调和平均数指数。

加权调和平均数指数，是在已知或能够计算个体指数的基础上，以报告期总量为权数对个体指数进行加权调和平均而得。在一定条件下，加权调和平均指数是派氏指数①的变形。因此，计算总指数必须用报告期权数加权，这样，销售量总指数、价格总指数都要用报告期销售额（p_1q_1）作为权数进行加权。而加权调和平均数指数就可以变形为两个综合指数。即：

$$\bar{K}_p = \frac{\sum p_1q_1}{\sum \frac{1}{K}p_1q_1} = \frac{\sum p_1q_1}{\sum \frac{p_0}{p_1}p_1q_1} = \frac{\sum p_1q_1}{\sum p_0q_1} \qquad (8-2)$$

质量指标综合指数 $\bar{K}_p$ 为加权调和平均数指数，$K_p = \frac{p_1}{p_0}$ 为个体物价指数。

由式（8-2）可知，在一定条件下，加权调和平均数指数是派氏指数的变形，而只有用 p_1q_1 这个权数进行加权，加权调和平均数指数才有可能变形为派氏指数；否则，假若要用 p_1q_1 以外的其他任何权数进行加权，这种变形关系就不复存在。

在用派氏指数公式计算商品价格指数时，必须具备报告期与基期的销售量、价格以及报告期 p_1q_1 及 p_0q_1 的销售额资料。但在实践当中，按基期价格计算的报告期假定销售额 p_0q_1 资料不易取得。而报告期销售额 p_1q_1 是现实可以取得的资料，因此加权调和平均数指数适合于质量指标平均指数的计算。

（3）固定权数平均指数。

固定权数平均指数，一般是指以指数化因素的个体指数为基础，使用固定权数对个体指数或类指数进行加权平均计算的一种总指数。这里的固定权数是指在加权平均法计算中的权数用比重形式固定下来，在一段时间范围内不作变动并固定使用的权数。

加权平均法计算平均数的权数，既可用频数，也可用频率，其计算结果是相同的。在平均数指数计算中，其权数的两种表现都可以使用。前面介绍的就是使用频数为基期、报告期，假定其总量指标为权数计算的平均数指数。这些都需要有具体实际数值，由于资料不足，特别是假定的总量指标缺少全

---

① 派氏指数（Pai's index）是德国经济学家派许（Passche）提出的，他主张无论是数量指标指数还是质量指标指数，都采用报告期同度量因素（权数）的指数。

面实际的资料，或难于及时取得具体有关频数的资料。这时可以用频率即权数的比重代替实际数值为权数，在无法取得或无法确定权数具体数值时，可以进行平均指数的计算。

固定权数用 W 表示，其计算公式为：

$$\bar{K} = \frac{\sum KW}{\sum W} \text{——固定权数加权算术平均指数} \quad (8-3)$$

$$\bar{K} = \frac{\sum W}{W} \text{——固定权数加权调和平均数指数} \quad (8-4)$$

目前常用的物流项目运营质量或发展成效评价方法在物流强国建设综合评价中明显存在一些问题。如主观赋权法进行综合评价时，主观解释性较强，定性较多，但客观性不足。而客观赋权法所确定的权重尽管大多数情况下客观性较强，但有时会与各指标的实际重要程度相悖，而且解释性不足，对所得的结果难以给出理想的解释。如果采用主成分分析法进行综合评价，因为主成分分析主观性强，必须依赖对被评价对象的深入了解以及丰富的经验才能减少失误，在进行综合评价时，指标量化直接，处理模糊集困难。如果采用层次分析法进行综合评价，层次型评价模型的不足在于把权数的分配固定下来，按照模糊数学的思路，当指标值发生变动时，隶属关系也会变动。层次分析法用于综合评价难以降低指标相关性，没有实现指标优化降维，指标维数高，操作复杂，评价标准难以合理化。采用模糊综合评价法作物流项目综合评价，在多指标、多层次的体系评价中，存在指标维数高、权数分配确定主观性强等问题，有待改进。采用模糊神经网络法进行综合评价，需要大量原始数据作为网络训练的输入数据，在目前发展变化剧烈的情况下，这种原始数据作为评价依据的可靠性有待商榷。模糊神经网络法的优势是客观性强，用于评价时，网络输出结果就为评价结果，但该方法依据的评价标准是人为确定，所以实际上并没有完全避免主观性。采用信息熵法进行物流项目综合评价，面临的主要问题是难以解决定性指标与定量指标并存的问题。

8.2 评价指数

8.2.1 基本思路

通过选取物流强国建设的某一领域,进行深入解剖,然后再用类比的方法进行拓展性思考和辨识。在物流强国建设进程中,当前着力推进的一项重大标志性工程就是国家级物流枢纽建设,这是汇聚政府、行业、企业资源联合实施的一项重点项目,对以物流业为核心的产业集聚起到了重大促进作用。

由于物流枢纽是一项系统工程,其高效率建设和运转不仅使全社会物流总费用与国内生产总值比率降低,进而提升经济运行的整体效率,而且通过构建大通道、大枢纽和大网络,将形成强大的区域辐射力和国际影响力。物流枢纽也是一个大平台,在运行功能上是物流园区、物流中心的放大版,它承载着融合工程、联运工程和跨界工程的内涵支撑和外延保障。正是物流枢纽对干支配线网络的赋能和对物流重要节点的联络,培育了物流强国建设的新动力、新业态、新模式,从这个意义上说,对物流枢纽发展进程和发展成效的评价在一定程度上代表物流强国建设的强弱。

在国家物流枢纽规划中,港口型物流枢纽具有特殊地位,因为国际贸易和国际采购供应链的线上实体物流支撑主要依靠港口物流。在规划蓝图中港口型物流枢纽占据了 32 个。2019 年,国家启动建设了首批 23 个物流枢纽建设,其中,宁波—舟山、广州、天津、青岛、厦门、营口 6 个海港和重庆、南京、宜昌 3 个内河港口名列其中。2020 年,国家第二批又启动建设了 22 个物流枢纽建设,其中,大连、唐山、钦州—北海—防城港 3 个海港和苏州、武汉、岳阳 3 个内河港获审批通过。2021 年,国家审批了日照港、连云港、深圳港 3 个港口型物流枢纽入选国家榜单。经过三批审核,国家已经通过了12 个海港型、6 个内河港口的物流枢纽建设方案。

从发展实践来看,在物流强国建设过程中,港口物流占有较大的体量。尤其是沿海港口,由于其容量大、航程远,对物流强国建设的贡献度更大。

我国改革开放以来，对沿海港口建设给予了高度重视，尤其是进入新时代，在世界十大港口中，我国已经占据了七席，足以说明我国港口物流的国际地位。

根据近几年世界港口排名，以集装箱吞吐量度量，前三强分别为上海港、新加坡港和宁波—舟山港；以散货衡量，宁波—舟山港已连续十二年居世界第一位。所以，选取宁波—舟山港作为案例，评价其发展指数，具有指标性意义。本研究将选择宁波—舟山港为案例，评价其航运发展指数，以该指数来反映物流强国建设的成效。

8.2.2　航运指数类别

航运指数是反映航运市场在不同时期的运力、运量等因素综合变动对于运价影响的相对数。由于航运市场在全球开发较早，理论界和实务界对航运指数给予了高度关注。有关注航运价格的，有关注航运货物内容的，也有关注航线的。因此对航运经营评价的指数较多，代表性的指数有以下几种。

（1）汉堡集装箱船期租价格指数。

这个指数是由汉堡船舶经纪人协会（VHSS）在 2007 年 10 月发布的，也被人们称为 ConTex 指数。VHSS 收集 3 种不同配载级别的集装箱船租金数据作统计，为集装箱租赁贸易衍生市场提供指标，办法是参与该指数的船公司每周需提供 2 次集装箱船租金资料。

（2）集装箱船租金每周指数。

这个指数是由伦敦老牌船舶经纪公司豪尔罗宾逊公司（Howe Robinson）推出的，它起始于 2003 年。起初作为 15 种船型（运力由 250 TEU 至 450 TEU）的租金指标，后来扩大至 1400 TEU。

（3）波罗的海运价指数。

这个指数是由波罗的海航运交易所（The Baltic Exchange）于 1985 年发布的。该航运交易所创立于 1744 年，是世界上最古老的航运市场。大部分的世界公开市场（Open Market）的散货租船由波罗的海交易所的一些会员谈判完成，而世界许多买卖也通过该交易所的经纪人交易。它每天公布的干货指数是海运运费期货市场的基础，并被用于避免运费费率的波动。也涉及航空租赁、期货交易以及船舶买卖的活动。该交易所发布的日运价指数——BFI（Baltic Freight Index），是基于若干条传统的干散货船航线的运价，按照各自在航运市场上的重要程度和所占比重构成的综合性指数。

（4）上海航交所发布的运价指数。

1998年1月，上海航交所首发"中国出口集装箱运价指数（CCFI）"；后又陆续发布中国沿海（散货）运价指数（CBFI）、上海出口集装箱运价指数（SCFI）、中国沿海煤炭运价指数（CBCFI）、中国进口原油运价指数（CTFI）和中国进口干散货运价指数（CDFI）；2016年12月，上海航交所编制的"一带一路"航运指数通过专家论证，正式对外发布。经过二十多年的开拓实践，上海航交所发布的运价指数已经覆盖了集装箱、散货、船价、船员薪酬、"一带一路"等22大类，形成了"上海航运指数（SHSI）"品牌，在航运界成功地发出了"中国声音"。尤其是中国出口集装箱运价指数（CCFI）、上海出口集装箱运价指数（SCFI）已成为"国际标准"。这说明，上海航交所发布的指数已具有较大的综合影响力。

（5）海上丝路指数（MSRI）。

这个指数是由宁波航运交易所编制的，于2013年对外发布。作为"一带一路"交汇的重要港口型物流枢纽，宁波航运交易所依托宁波—舟山港的航运优势，首先推出了海上丝路指数，作为衡量国际航运和贸易市场行情的综合指数。其中，宁波出口集装箱运价指数（NCFI）是"海丝指数"的核心。目前，在波罗的海交易所发布的是四条具有行业代表性和国际认可度的航线指数：宁波—欧洲线、宁波—中东线、宁波—地东线、宁波—地西线，分别反映了从宁波港出口到欧洲、中东、地中海以东、地中海以西的集装箱货运市场情况和价格波动趋势。

"海丝指数"由两类核心指数和三类特色指数组成。核心指数包括散货航运类和集装箱航运类指数，特色指数包括口岸发展、船舶交易和航运人才指数，分别用于反映散货航运市场、集装箱航运市场、"21世纪海上丝绸之路"沿线国家相关口岸发展情况、船舶交易市场以及航运人才服务市场变化情况。"海丝指数"作为反映国内外航运和贸易市场行情的综合指数，其研究旨在促进我国航运金融市场建设，推动我国 21 世纪海上丝绸之路建设，提升我国在国际航运市场上的地位和话语权，构建国际贸易新规则。

8.3 评价实证

8.3.1 指标体系

选取宁波—舟山港国际港航物流服务中心作为案例，来研究其发展评价。为了提高评价宁波—舟山港国际港航物流服务发展评价的全面性、客观性和科学性，需要考虑各个指标的相互影响。在对有关专家进行咨询的基础上，采取层次结构建立分层评价指标体系，第一层为发展指数层，评价宁波—舟山港国际港航物流服务的整体发展水平；第二层为分领域能力指标评价层，包括基础设施能力、枢纽集散能力、资源配置能力、港航物流支撑能力、国际化知名度 5 类指标；第三层为指标层，具体描述各项指标的属性。其指数体系和层次构成如表 8-1 所示。

表 8-1　宁波—舟山港国际港航物流服务发展指数体系和层次构成

一级指标	二级指标	三级指标
宁波—舟山港国际港航物流服务发展指数	基础设施能力指数	1. 万吨级泊位数量（个） 其中：万吨级集装箱泊位数量（个）
		2. 综合物流园区数量（个）
		3. 集装箱远洋航线数量（条） 其中：新增"一带一路"国际航线数量（条）
		4. 高速公路里程（公里）
		5. 铁路营业里程（公里）
		6. 内陆"无水港"数量（个）
	枢纽集散能力指数	7. 宁波—舟山港域货物吞吐量（亿吨）
		8. 港口货物水水中转比例（%）
		9. 集装箱海铁联运量（万 TEU）
		10. 机场货邮吞吐量（万吨）
		11. 物流业增加值（亿元）

一级指标	二级指标	三级指标
宁波—舟山港国际港航物流服务发展指数	资源配置能力指数	12. 大宗商品交易额（亿元）
		13. 航运市场交易额（亿元） 其中：船舶市场交易额（亿元）
		14. 国际航运船舶登记注册量（艘）
		15. 水运运力总规模（万载重吨）
		16. 保税油供应量（万吨）
		17. 船员劳务年输出量（万人次）
	港航物流支撑能力指数	18. 航运金融产品规模（亿元） 其中：航运保险额（亿元）
		19. 与国家物流信息平台交换量（万条）
		20. "互联网+"港航物流创新平台
	国际化知名度指数	21. 国际港口联盟城市（个）
		22. 全球性港航物流服务企业（家）
		23. 国际港航物流服务组织（家）
		24. 丝路指数覆盖国际航线（条）

　　宁波—舟山港国际港航物流服务发展指数可采用加权算术平均指数法合成，由五大类分项指数加权合成，即基础设施能力指数、枢纽集散能力指数、资源配置能力指数、港航物流支撑能力指数、国际化知名度指数。

　　首先，分别测算出五大类分项指数，然后对五大类分项指数进行加权平均，测算出宁波—舟山港国际港航物流服务发展指数。

　　基本公式为：

$$CDI(t) = \sum_{i=1}^{5} \alpha_i I_{it} \times 100\% \quad i = 1, 2, 3, 4, 5 \quad \sum_{i=1}^{5} \alpha_{ij} = 1 \quad (8-5)$$

　　其中，$CDI(t)$表示第t期宁波—舟山港国际港航物流服务发展指数；I_{it}表示第i个二级指数在第t期的指数，α_i表示第i个二级分项指数所占权重。

　　其次，二级指数采用比较法函数模型构建。

　　第一，设X_{ij}表示第i个二级指数中第j个三级指标的基准值，$j=1, 2, \cdots, k$。

　　第二，设$X_{ijt}(t)$表示第i个二级指数中第j个三级指标在第t期的数据，

计算 $X_{ijt}(t)$ 相对于 X_{ij} 的指标 R_{ijt},

$$R_{ijt} = \frac{X_{ijt}}{X_{ij}} \times 100\% \quad i = 1,2,3,4,5$$

$$j = 1,2,\cdots,k, \quad t = 1,2,3,\cdots,n \qquad (8\text{-}6)$$

第三,设定第 i 个二级指数中,第 j 个指标的权重为 ω_{ij},

$$\sum_{j=1}^{k} \omega_{ij} = 1 \qquad (8\text{-}7)$$

第四,计算第 i 个二级指数在第 t 期的发展指数 I_{it},

$$I_{it} = \sum_{j=1}^{k} R_{ijt}(t) \times \omega_{ij} \qquad (8\text{-}8)$$

8.3.2　指标意义

基础设施承载能力是宁波—舟山港国际港航物流服务发展的最基本支撑,是保证船舶和货物进得来、留得下、运得出的保障条件,其基础设施能力指数代表港口的基本服务能力。

枢纽集散能力指数反映宁波—舟山港域的空间布局、运营规模、吞吐能力、联运能力、中转能力和经营效率。

资源配置能力指数主要反映宁波—舟山港在市场规律作用下对大宗商品交易、航运市场交易、航运船舶登记、水运总运力、船员提供能力等要素发展水平。

港航物流支撑能力指数主要反映宁波—舟山港在物流信息方面的发展水平,主要包括航运金融产品规模、与国家物流信息平台交换量、"互联网+"港航物流创新平台等要素。

国际化知名度指数主要反映宁波—舟山港的国际化水平,包括国际港口联盟城市、全球性港航物流服务企业在宁波的数量、国际港航物流服务组织在宁波—舟山的数量、丝路指数覆盖国际航线等几个因素。

通过实证评价可以得出宁波—舟山港国际港航物流服务的各项指数,从港航物流的视角显示物流强国建设的着力点。

8.3.3　实证分析

(1) 数据采集。

根据宁波市物流业发展年度报告、宁波市统计公报和宁波建设更具国际影响力的港航物流服务中心行动纲要相关数据，得出宁波—舟山港国际港航物流服务发展指数指标数据，如表8-2所示。

表8-2　　　宁波—舟山港国际港航物流服务发展指数指标数据

指标	2013年	2016年	2020年
1. 万吨级泊位数量（个）	99	106	120
其中：万吨级集装箱泊位数量（个）	26	29	34
2. 综合物流园区数量（个）	5	6	9
3. 集装箱远洋航线数量（条）	117	232	243
其中：新增"一带一路"国际航线数量（条）	—	—	5
4. 高速公路里程（公里）	495.8	495.8	607
5. 铁路营业里程（公里）	324.81	350	379.5
6. 内陆"无水港"数量（个）	8	16	20
7. 宁波—舟山港域货物吞吐量（亿吨）	4.96	5	5.8
8. 港口货物水水中转比例（%）	0.213	0.22	0.25
9. 集装箱海铁联运量（万TEU）	10.5	20.33	50
10. 机场货邮吞吐量（万吨）	6.61	10.07667	18
11. 物流业增加值（亿元）	718.54	1031.313	1500
12. 大宗商品交易额（亿元）	6000	12433	20000
13. 航运市场交易额（亿元）	50.3	140.24	500
其中：船舶市场交易额（亿元）	11.32	41	160
14. 国际航运船舶登记注册量（艘）	0	0	50
15. 水运运力总规模（万载重吨）	556	590	600
16. 保税油供应量（万吨）	70	96	200
17. 船员劳务年输出量（万人次）	0	0	1
18. 航运金融产品规模（亿元）	0	0	500
其中：航运保险额（亿元）	0	0	100
19. 与国家物流信息平台交换量（万条）	0	0	300
20. "互联网+"港航物流创新平台	0	0	20
21. 国际港口联盟城市（个）	0	0	60
22. 全球性港航物流服务企业（家）	30	32	40
23. 国际港航物流服务组织（家）	0	0	5
24. 丝路指数覆盖国际航线（条）	0	0	100

（2）指标权重的设定。

确定权重的方法很多，有专家系统评价法、相关系数法、动态加权法、多层次权重分析法等多种选择，本研究将利用专家系统评价法确定权重。指标权重如表 8-3 所示。

表 8-3　　　　　　　　　　　　　　指标权重

二级指标	权重	三级指标	权重
基础设施能力指数	0.3	1. 万吨级泊位数量（个）	0.146667
		其中：万吨级集装箱泊位数量（个）	0.053333
		2. 综合物流园区数量（个）	0.2
		3. 集装箱远洋航线数量（条）	0.244856
		其中：新增"一带一路"国际航线数量（条）	0.005144
		4. 高速公路里程（公里）	0.1
		5. 铁路营业里程（公里）	0.1
		6. 内陆"无水港"数量（个）	0.15
枢纽集散能力指数	0.25	7. 宁波舟山港域货物吞吐量（亿吨）	0.3
		8. 港口货物水水中转比例（%）	0.15
		9. 集装箱海铁联运量（万 TEU）	0.2
		10. 机场货邮吞吐量（万吨）	0.15
		11. 物流业增加值（亿元）	0.2
资源配置能力指数	0.2	12. 大宗商品交易额（亿元）	0.3
		13. 航运市场交易额（亿元）	0.15499
		其中：船舶市场交易额（亿元）	0.04501
		14. 国际航运船舶登记注册量（艘）	0.2
		15. 水运运力总规模（万载重吨）	0.2
		16. 保税油供应量（万吨）	0.05
		17. 船员劳务年输出量（万人次）	0.05
港航物流支撑能力指数	0.15	18. 航运金融产品规模（亿元）	0.4
		其中：航运保险额（亿元）	0.1
		19. 与国家物流信息平台交换量（万条）	0.25
		20. "互联网+"港航物流创新平台	0.25

二级指标	权重	三级指标	权重
国际化知名度指数	0.1	21. 国际港口联盟城市（个）	0.25
		22. 全球性港航物流服务企业（家）	0.25
		23. 国际港航物流服务组织（家）	0.25
		24. 丝路指数覆盖国际航线（条）	0.25

（3）二级分项指标实证结果。

以 2013 年为基期，宁波—舟山港国际港航物流服务发展指数中二级分项指标结果如表 8-4 所示。

表 8-4　　　　　　　　　二级分项指标

二级指标	2013 年	2016 年	2020 年
基础设施能力指数	100	135	162
枢纽集散能力指数	100	120	173
资源配置能力指数	100	148	321
港航物流支撑能力指数	100	105	400
国际化知名度指数	100	107	533

由表 8-4 可知，2013 年以来宁波—舟山港国际港航物流服务中心二级指标指数逐步升高，尤其是在 2020 年，宁波—舟山港国际港航物流紧紧抓住国家物流枢纽建设机遇，各项发展指数大幅提升，显示物流强国建设进入高质量快速发展阶段。

8.4　本章小结

针对物流强国建设绩效的评价问题，探索了聚类分析法、综合评价分析法和平均指数分析法的相关构成及其应用地位，剖析了相关评价指数。以物流枢纽建设为例，选取具有代表性的宁波—舟山港国际港航物流服务发展状况进行剖析，展开了实证分析。相关数据和评价结果显示，我国的物流强国建设目前已进入高质量快速发展阶段。

9 物流强国建设的保障

通过物流强国建设的实施保障研究，制定对策措施，奏响物流强国合唱之弦。为保障物流强国建设重点任务的落地，必须完善物流基础设施、产业振兴发展等领域的新基建、投融资、税收、土地资源等方面的政策体系，落实政策保障；需要加大物流研发人才、管理人才和运作人才的专业队伍培育，落实人才保障；需要加大物流平台技术、装备技术和运管技术领域的科技创新，落实技术保障；需要强化绿色物流的理念，完善环境保护的约束性体制机制，着力构建自然生态、行业生态和社会生态体系，落实生态保障。

9.1 政策保障

9.1.1 公共政策

物流产业作为基础性产业，具有公益服务性。交通物流、邮政物流、配送物流、仓储物流攸关国民经济的正常运转和城乡居民生活的稳定保障，其公益性地位越来越得到城乡居民的认可，其享受公共政策支持的必要性正在快速凸显。尤其是在大疫大灾面前，为了确保产业链、供应链和民生链满足生产和生活的紧急需求，持续和及时制定优化物流公共政策十分必要。

作为公益性产业，需要纳入各级政府的常规规划和日常管理视野。从各地的疫情管控和其他突发灾害即可看出物流业与供水、供电、供气等具有同等重要性。在新时代，人民大众生活水平的提升和即时消费嗜好的形成，促使物流配送设施配套建设成为城乡居民必不可少的生活诉求。

现代化的城市和美丽的乡村，伴随着社会分工而细化。物流业的地位和作用正是在这种细化过程中逐步被城乡居民所认可，对经济社会发展起到的支撑作用必然需要公共政策的支持，这是社会发展的客观规律和历史潮流，需要政府、行业、企业和城乡居民共同去呵护。

总体来说，围绕物流强国建设，一要注重对物流新基建工程的政策倾斜，由于生产、生活对物流服务敏捷性、智能性以及个性化需求的增强，政府、行业、企业协同推进物流新基建工程具有时代紧迫感。二要继续推进政府在物流产业发展过程中的土地、资金、税收、城管等政策扶持，进一步降低物流通行、融资、规费等制度性交易成本。三要继续推进物流行业的标准化、规范化、信息化建设，加强供应链节点间的融通对接，深化物流服务与生产供应链以及商贸流通之间的融合，创新供应链上下游合作的新模式，降低物流供应链综合成本。

9.1.2　产业政策

改革开放以来，物流产业由小到大、由弱变强，始终离不开国家和地方政策的调控和扶持，国内外先进的产业演进案例表明，强大的产业发展必须与强大的产业政策相伴随。尤其是西部地区或偏远乡村，物流规模小、配送成本高，如果没有优越的政策环境，物流产业的区域均衡发展就很难实现。

物流产业结构具有多样性、复杂性和国际性，其政策调控应根据国际环境、业态创新以及市场诉求的变化而变化。如物流枢纽、物流园区、物流中心为了契合区域经济社会发展的诉求和效率提升，需要进行用地空间的科学布局，这就需要得到国家的产业政策支持，以实现高质量的通道+枢纽以及干支配、网络化运营格局。港口物流、航空物流、陆港物流、商贸物流、生产物流也是各有特色，对政策的要求也各有偏重。

由于中国东中西部发展不平衡，物流产业规模和运行形态也不相同，这就需要根据区域的不同而采取相应的扶持政策。作为大中型物流企业，总部位于东部沿海发达地区的情况较多，在西部地区通常只是分部或者代理商，这样需要的财税、土地、金融、保险等领域的政策必然呈现差异化分布，也就需要因地制宜，以增强政策的精准性。

要根据物流产业发展的特点，加快培育转型升级的新动能，要着力推进物流数字化科技赋能，开发多样化应用场景，提升物流数据价值，高质量实施数字物流创新提质工程。

9.1.3　专项政策

物流强国建设作为新时代国家重大发展战略的有机组成，是增强国家综合影响力和市场竞争力的重要支撑。特别是物流强国建设是一项系统工程，涉及各大产业、各大市场主体，其绩效的提升需要各方面的协同配合。在农产品物流、农村物流、农业物流领域，需要物流与农业的融合发展政策支撑，补齐"农"字物流的发展短板。在工业品物流、销售物流、采供物流领域，需要强化国际视野，支撑起全球供应链运营体系，强化国际竞争力。在军事物流、危化品物流以及应急物流等特种物流领域，要出台特殊政策，确保其运作安全网、库存安全线，实现用之能供、供有质量，这才是真正意义上的物流强国。为此，要重视以下几点。

第一，为了打造物流强国的国际竞争力，必须有一流的物流装备业和先进的物流科技相支撑，必须加强物流装备产业的技术创新和政策扶持。车辆、轮船、飞行器、管道等领域需要加大协同攻关的力度，为实现绿色、节能、便捷、安全的物流装备生产制造目标，需要出台激励政策，聚集高校、科研、行业、企业诸方面科技精英，推进物流装备制造业的迭代升级。物流装备的先进度决定着物流行业"双碳"约束的达成度、降本节效的实现度，这必然需要强大的物流科技、物流创新成果的有效转化。

第二，农产品物流、冷链物流、西部或偏远山区的快递物流，由于物流领域或物流区域的特殊性，其基础运营条件偏弱，运营成本消耗必然偏大，如果缺少财政的特殊补贴，势必影响整个市场的稳定性和消费者的心理承受力。基于此，需要制定和完善相关政策扶持体系。

第三，空运物流、多式联运、无人配送和终端自动存取系统等，代表未来物流业高质量发展和新一代科学技术在物流业的应用。从长远来看，这些高技术、高效率的物流工具和物流方式必然有利于整体产业的降本增效，更有利于绿色发展。但从当前剖析，在产业转型升级过程中可能会受到企业投入产出或人才素养等方面的制约，也牵涉资源整合过程中的利益再分配以及相关节点的心理调整问题。这些领域需要政府给予专项政策的支持，以及必要的改革疏导和发展引导。

9.2 人才保障

国家间的竞争归根结底是人才的竞争，物流强国的建设过程也是人才间较量的过程。随着大数据、物联网、云平台、优化算法、操作系统等新一代信息技术在物流领域的广泛应用，高层次、高技术技能人才对物流产业发展的支撑作用更加明显。加大物流专业技术人才的培养、培训以及技术研发、技能应用具有客观必要性和时间紧迫性。事实上，物流强国建设进程中的重要市场主体是物流企业，而物流企业的高质量发展更需要大批的专业化人才。为此，要着力推进物流专业技术人才体系建设。

9.2.1 研发人才

随着物流产业规模的持续壮大和物流基础支撑作用的迅速增强，市场对物流自主创新能力的诉求越来越强烈。物流装备制造技术、物流管理监测技术、物流系统运作技术、冷链物流节能技术、逆向物流回收技术、应急物流优化技术等，都需要一支支物流研发队伍精心攻克一道道技术难点。目前各项统计数据显示，物流技术的自主创新率与我国的物流规模相比还相对偏低。由于物流学科发展起步较晚，学术界对物流学科独立的理论体系形成还抱有不同的看法，物流学科还没有单独进入国家一级或二级学科目录。甚至在先前独立以物流工程招生的专业硕士也退回到工程管理专业硕士的领域方向之内。这样的学科体系框架无形中制约了物流工程技术人才的培养和发展。

为加快培育物流工程技术的研发人才队伍，需要进一步完善相关政策体系。一是加大管理科学与工程、交通运输、工程管理等相关学术人才、专业人才的培养力度，强化物流工程学术或专业方向的培养，在高端人才培养源头上给予拓展。二是加大物流学科自身理论体系建设力度，在一级学科或二级学科层面给予倾斜，在高端物流人才培养目录上进行开源，从根本上给予物流学科"正名"。三是加大物流工程技术研发成果的转化，将理论技术快速转化成现实生产力，从实践中锻造研发团队的创新能力。

加强物流研发人才的创新载体建设，推进物流重大基础研究和示范应用。加大物流行业产教融合共同体和物流园区区域产教联合体的创建力度，培育一批物流产业主导的产教融合型企业和产教融合物流示范专业的院校。

9.2.2 经营人才

经营人才队伍的培育来自两个层面，一是大学培养，二是从实践中培育。教育部于 2012 年 9 月首次将物流管理、物流工程专业从目录外调整为目录内，使物流管理与工程正式成为一个专业类别，这是在经过十余年探索实践后对物流专业地位的一次确认。2020 年，教育部发布《普通高等学校本科专业目录（2020 年版）》，在物流管理与工程类中增添了两个特设专业"采购管理"和"供应链管理"，2021 年教育部发布的职业本科院校物流类专业中设立了"物流工程技术"和"现代物流管理"，2022 年职业本科院校又增设了"供应链管理"，这些专业归类和设置，从国家最高教育管理层面确立了物流经营管理人才的培养架构。但人才培养方案的制定、实施以及培养质量的提升，还需要相关政策予以支持。尤其是在师资队伍建设、实验条件改善、产教融合、校企合作、社会服务对接和科技成果转化等领域还需要具体的政策支持。

在企业实践中培育经营人才，就是面对新时代、新环境、新技术、新业态，用新思维、新模式培育创新经营的人才。这类人才，遇到新问题，能够制定新策略，应对新挑战。由于企业的转型升级需要大额培训经费支出，这就需要各级政府能够对物流企业出台特殊政策，给予经营人才培育专项经费。

要对标国际物流专业认证体系，培养国际化物流管理人才队伍。要确保"1+X"证书制度在物流领域的全面开展，推进物流专业领域工程技术人才职称的评审，壮大物流工程师队伍。

9.2.3 运作人才

运作人才服务于物流企业的基层岗位，也是物流产业高质量运营的基石。该领域的人才素养，直接关系着消费者的满意度和物流产品的质量层级。事实上，进入 21 世纪后，国家就加大了高职高专物流专业的设置和引导，中职、中专以及技校也对物流专业的人才培育加大了力度，物流从业人员的素质得到显著提升。

在物流强国建设的实际运行中，对人才规格的需求是一个系统工程，需要综合考量。一是加强物流系统的整体规划研究，逐步完善物流系统高层、中层、基层以及一线操作人员的综合培养体系。高等学校、中等学校、技工学院要做好人才培养规划，既要培养物流技术研发和经营谋划的高层次人才，形成博士、硕士和学士构成的物流智力支撑体系，又要培养大专和中专、技校占主体地位的技能型、操作型技术人才，履行流程管理和一线作业职能。二是开展专业化、定制化职业培训，加强物流员工的在职轮训和培训。互联网产业日新月异、信息技术持续更新，以此为基础的物流营运的全过程必须与时俱进，员工的整体轮训和重点岗位的培训具有重要意义。三是加强社会保障制度建设，推动落实物流行业保险制度，提高物流从业人员社会福利待遇。通过多种方式关心关爱物流从业者，增加行业归属感、荣誉感，进而打造一支稳定的物流从业人才队伍。

9.3　技术保障

现代化物流强国地位的塑造必须具有领先的物流技术的支撑，这包括先进的平台技术、装备技术和运营服务技术等。通过先进技术这一"第一生产力"的支撑，有助于推进资源整合、流程再造，达成节能降耗、绿色发展，实现精益服务、降本增效。

截至目前，由于物流学科体系还不健全、物流学科专业理论体系还不完备，物流技术的创新度还有待提升。在此背景下，加快物流领域的技术研发体系建设、加强物流技术的支撑力就显得十分必要。

9.3.1　平台技术

新一代信息技术支撑下最具特色的业态就是平台经济，物流强国建设的实施路径也必然倚重平台技术。平台具有撮合功能，能够有效化解物流供需双方的信息不对称，能够有效提高物流服务效率。由于物流产业是复合型产业，并且已深度融合于三大产业之中，其平台技术必然具有综合性和多功能性。事实上，在物流强国建设的过程中，诸如低碳、绿色、协同、模块等特色的打造就必须拥有网络化、一体化的信息系统，平台技术是物流业高质量发展的重要支柱。

平台技术的创新固然需要物流研发队伍的着力攻关，但物流企业作为物流技术转化和应用的重要载体，必须在数字经济蓬勃发展的背景下，紧跟时代发展趋势，充分发挥5G网络、物联网、人工智能、大数据、云计算、区块链等现代信息技术作用，深入调研市场需求，强化现代信息技术在供应链管理、市场预测、风险预警、应急处置等方面的综合应用，实现全渠道下单便捷化、业务数据标准化、全程跟踪透明化、运输管理智能化。要根据物流企业发展的需要，向研发人员提出前瞻预测，协同推进技术创新，以加速物流全链条数字化转型，构建"数字驱动、协同共享"的智慧物流新生态，助力物流强国建设。

9.3.2　装备技术

未来物流强国地位的巩固还在于物流装备技术水平的领先。面对新冠疫情的突发，如何运用无人机、机器人等先进机械电子装置实现精准配送；在突发自然灾害，道路中断、人员被困环境下，如何利用空陆两栖联合运送机械设备，冲破障碍、配送解困；面对在山地和海洋工作的人员诉求，如何利用特殊平台和特殊装备，解决冷链物流、专项物流等问题；等等，如果没有一流的物流装备予以支撑，就难以保障现代化物流强国发展。

物流技术领域的硬件装备建设一要加大设计人员的培育，综合信息技术、机械技术和物流场景，深化多式联运、智能配送、应急物流、大件物流、冷链物流等领域物流装置的研发和设计；二要加大先进技术在物流装备制造领域的应用集成，用于智能引导、物联数据采集、数据挖掘、轻质包装、便携保鲜等的特殊设备需要加大集成力度，突出物流应用；三要加大物流运输特种设备范围扩展的研究、开发和制造，积极预测未来物流运输走向，有效解决联运安全和联运效率的相关问题；四要加大农产品、海鲜品冷链物流技术的研发及相关设备的建造力度,解决冷链储存和冷链运输、配送等环节的无缝对接。

9.3.3 运管技术

在数字化治理大环境下,物流业务的运营和管理需要加速数字化和现代化升级。面对国际间物流强国的竞争环境,如果没有先进技术的支撑就无法建成安全、高效、优质的供应链物流服务体系。物流运管技术的研发、孵化、加速和应用也将成为物流强国建设体系建设的重要任务。

在全球疫情多发环境下,医药品专项物流的运作需要精益管理,其全流程的监测和管理直接关联着人们的生命安全;城市突发疫情进入静态管理时期,如何有效调控终端配送,也必须有综合的运管系统相支撑。物流运管技术是物流装备、物流空间与物流服务的有机融合,是物流体系治理成效的外展,因此必须加大运管技术的保障力度。一要深入调查研究,立足物流市场需求推进系统研发,掌握该领域知识产权的话语权;二要增强应用实践,结合大型物流枢纽、物流园区和物流连锁经营节点,推进运管技术的应用范围;三要建设运管系统的发展生态,通过应用反馈,进行技术升级,推进协同应用。

9.4 生态保障

物流强国的可持续发展必须加强生态保障建设。随着物流地位的逐步加强,物流过程对环境的冲击度必然增高,无论是包装、冷链、配送以及流通加工诸环节,还是海运、空运、陆运诸方式,都会产生大量的废料或废气。加强物流强国的生态保障具有重要意义。

9.4.1 自然生态

自然生态的维护是物流业发展的一条硬性约束。我国曾在2020年设立目标红线:二氧化碳排放力争于2030年前达到峰值,努力争取2060年前实现碳中和。2021年,国家还相继发布了《中共中央 国务院关于完整准确全面贯彻新发展理念做好碳达峰碳中和工作的意见》《2030年前碳达峰行动方案》

两份重磅文件，为中国实现碳达峰、碳中和明确时间表、路线图。面对碳达峰、碳中和的时间约束，运输物流、仓储物流和配送物流都面临巨大的降碳运行和绿色发展压力。

自然生态发展需要物流业建设遵循自然规律。事物的演进具有自然属性，人们的消费需求也在呈现自然规律。物流枢纽、物流园区、物流配送中心以及终端快递存取柜的选址布局需要按照消费运作大数据规律以及空间自然性规律等进行处理。生鲜农产品的储藏、海鲜产品的处理，都要遵循一定的自然规律，实施节能降耗；冷库的建设，更要考虑区域气候特征去选址选材，探求整体综合效益最大化。

9.4.2 行业生态

物流行业外延范围大，运输、仓储、配送、流通加工以及物流信息化、物流技术等不同的业态展现不同的运行方式，但物流强国建设要求需要在行业内形成生态协同。要节能和降耗一起抓，相关部门应根据大力发展绿色低碳物流的政策趋势及物流产业现状，及时出台相关政策，鼓励物流领域车辆清洁能源化，推进集装箱多式联运、托盘循环共用、挂车共享租赁、物流周转箱标准化等绿色物流模式，开展绿色配送、绿色仓储、绿色包装等绿色物流技术的研发、推广和应用，促进物流产业全面绿色转型。要加大节能物流装备、物流车辆、物流设施的研发应用及其推广力度，进一步完善技术标准，优化物流园区和配送中心的布局，加强末端存取设施建设，优化配送路径，推进共同配送，提升末端配送的质量和服务水平。

行业生态发展要求行业内主体要遵循市场发展规律，实现竞争合作的双赢或多赢格局。要推行依法经营、依法治理，在法治环境下推进公共政策、公共信息的透明性和共享性。要发挥行业协会的协调和纽带作用，强化行业发展共识，打造物流行业的健康生态，保障物流强国建设。

9.4.3 社会生态

物流业的高质量发展是在城乡居民和广大消费者的支持下成长的，是在为企业和社会服务中壮大的，物流生态具有强大的社会性色彩。一要加强消费者的生态意识，在物流过程中降低过度包装，降低包装环节的资源浪费，为全社会的生态建设积聚正能量。二要支持城市"最后一公里"的物流作业，定制特种物流车辆，确保城市居民生活区域的可送达性。三要加强社会文化建设，旨在终端存取环节节能降耗，协作存取、协同配送，在城乡社会形成崇尚绿色物流、环保物流的特色文化，支撑物流生态环境的打造。

社会生态建设的另一层面是全社会都要充分认识物流业的基础性地位。城乡居民对供水、电力、燃气的基础性作用认识深刻，但对于通信网络、物流配送的基础性角色的认识还有待深化。政府的决策、城乡的运行、社会的发展，时刻离不开物流的支撑，社会的综合治理也必须将物流业运营环境作为其重点内容。只有这样，才能形成物流强国建设的社会生态，增强物流强国的内涵质量。

参考文献

［1］杨靳，龚晓祥．从"航运强国"地位的下降看我国"航运强国"之路［J］．集装箱化，1997（10）：5-9．

［2］王宏雷，张宝勇．从航运大国到航运强国［J］．中国水运，2012（7）：10-11．

［3］许立荣．经济强国必定是海洋强国航运强国［J］．珠江水运，2019（20）：76-83．

［4］张有民．加快铁路发展是强国富民的必由之路［J］．中国铁路，1991（12）：1-6，42．

［5］康禄，刘涛，李平．低碳背景下的综合运输组织优化研究［J］．铁道运输与经济，2021，43（5）：97-102．

［6］王伟，张宏刚，丁黎黎，等．考虑车辆限速区间的危险品运输网络优化［J］．运筹与管理，2021，30（4）：128-134．

［7］李晓东，匡海波，赵宇哲，等．多式联运下的中国东北地区低碳运输实证研究［J］．管理评论，2021，33（3）：282-291．

［8］杨聪．我国空港型枢纽城市航空物流与经济增长的耦合协同效应分析［J］．物流技术，2021，40（6）：86-89，98．

［9］张会云，马欢欢．"一带一路"沿线航空物流和经济发展关系研究——航空物流与经济的时空演变及其耦合发展分析［J］．价格理论与实践，2020（4）：172-175．

［10］汪传雷，曹美德，王冠雄．航空物流高质量发展水平测评及提升路径研究［J］．河南科技大学学报（社会科学版），2022，40（2）：42-48．

［11］魏然，高玉玲，陈丙成．基于多式联运的我国航空物流发展策略［J］．综合运输，2020，42（3）：103-107．

［12］李小鹏．加快建设交通强国［J］．中国水运，2021（1）：6-7.

［13］李小鹏．落实加快构建新发展格局决策部署　加快建设交通强国［J］．旗帜，2021（1）：22-24.

［14］何黎明．推进物流业高质量发展面临的若干问题［J］．中国流通经济，2018，32（10）：3-7.

［15］何黎明．迈向"物流强国"从这十个方面入手！［J］．运输经理世界，2019（2）：46-49.

［16］魏际刚．建设物流强国的重要战略任务［J］．物流技术与应用，2017，22（12）：54-55.

［17］何黎明．构建现代物流体系，推进物流强国建设，共迎充满希望的2021年［J］．中国储运，2021（2）：32-33.

［18］崔忠付．信用创造网络货运新价值［J］．中国物流与采购，2020（17）：8-9.

［19］赵鹏军，吕迪，胡昊宇，等．适应人口发展的现代化综合交通运输体系研究［J］．地理学报，2020，75（12）：2699-2715.

［20］贺登才．公路货运：行业发展特点、面临问题及未来机遇［J］．中国物流与采购，2020（1）：25-26.

［21］贺登才．"两业"一体化　助力"双循环"［J］．中国物流与采购，2020（18）：25-26.

［22］汪鸣．我国交通运输发展思路创新与变革［J］．物流研究，2020（1）：66-71.

［23］汪鸣，陆成云．深化供给侧结构性改革　进一步推动物流降成本［J］．中国经贸导刊，2020（13）：31-32.

［24］冯耕中，孙炀炀．供应链视角下新冠肺炎疫情对经济社会的影响［J］．西安交通大学学报（社会科学版），2020，40（4）：42-49.

［25］黄有方．航运业的创新发展思考［J］．交通与港航，2016，3（1）：17-20.

［26］刘建堂．上海铁路局货运中心向经营型物流企业转型的思考［J］．铁道货运，2014，32（1）：1-5.

［27］徐耀中，黄奉初．"先行官"的宏图——访国务院主管交通运输业的负责人［J］．瞭望，1982（12）：24-25.

［28］曾鹤松，胡春芳．加速发展交通运输适应经济战略目标［J］．武汉大学学报（社会科学版），1983（5）：46-51.

［29］朱林兴，刘志远，陈启杰．交通运输建设是国民经济发展的战略重点［J］．财经研究，1982（6）：10-15.

［30］刘洪．略谈国民经济的战略重点问题［J］．计划经济研究，1982（24）：18-27.

［31］肖海涛，田大山．交通发展战略与航空［J］．未来与发展，1985（3）：18-21.

［32］于光远．学习十二大关于经济发展战略问题的论述［J］．江西社会科学，1983（1）：1-10，40.

［33］詹继生．经济战略重点的选择、发展及其转移［J］．江西社会科学，1986（1）：50-54.

［34］贺登才．意料之外 情理之中——物流业列入十大产业调整振兴规划解析［J］．铁路采购与物流，2009，4（3）：27-28.

［35］崔忠付．中国物流业发展所面临的任务［J］．中国流通经济，2009，23（6）：11-13.

［36］丁俊发．《物流业调整和振兴规划》的重点和亮点［J］．市场营销导刊，2009（3）：26-30.

［37］贺登才．物流业发展的"新常态"［J］．中国远洋航务，2015（1）：34-35.

［38］朱占峰，等．物流枢纽经济发展模式与运行机理研究［M］．北京：中国财富出版社有限公司，2020.

［39］贺登才．物流业列入十大产业调整振兴规划的启示［J］．铁道货运，2009（2）：1-2.

［40］雷震洲．NII、GII 和信息高速公路［J］．电信科学，1996（2）：59-61.

［41］中物联航空物流分会．全球主要航司货运 Top25 排名出炉［EB/

OL].（2021-08-06）[2022-05-01].https：//mp. weixin. qq. com/s/3lfd1-hS-AyJqM9WoIElhAg.

[42] 约翰·卡萨达，格雷格·林赛. 航空大都市：我们未来的生活方式 [M]. 曹允春，沈丹阳，译. 河南：河南科学技术出版社，2013.

[43] 刘芳，杨淑君. 欧盟绿色交通发展新趋势 [J]. 工程研究-跨学科视野中的工程，2017，9（2）：148-155.

[44] 贾大山. 日本海运发展模式——利益共享 [J]. 中国远洋航务，2016（2）：36-38.

[45] 易丹辉. 结构方程模型：方法与应用 [M]. 北京：中国人民大学出版社，2008.

[46] 克里斯·安德森著. 创客：新工业革命 [M]. 萧潇，译. 北京：中信出版社，2012.

[47] 水木然. 工业4.0大革命 [M]. 北京：电子工业出版社，2015.

[48] 盖·兰道尔. 创客时代：3D打印、机器人技术、新材料和新能源的未来 [M]. 高宏，译. 北京：机械工业出版社，2015.

[49] 吴焕新. 县域循环经济与产业协同发展成熟度评价指标体系研究 [J]. 攀登，2008（3）：38-42.

[50] 刘海明，谢志忠，黄初升，等. 福建省区域经济产业协同发展成熟度评价分析 [J]. 福建农林大学学报（哲学社会科学版），2010，13（4）：46-50.

[51] 闫秀霞，孙林岩，王侃昌. 物流能力成熟度模型研究 [J]. 管理学报，2005（5）：551-554.

[52] 刘明菲，汪义军. 供应链环境下的物流服务能力成熟度研究 [J]. 商业研究，2006（21）：63-65.

[53] 吴隽，王兰义，李一军. 第三方物流企业能力成熟度模型研究 [J]. 中国软科学，2009（11）：139-146.

[54] 谢刚，冯缨，李治文. 大数据背景下客户信息质量管理成熟度模型 [J]. 中国流通经济，2015，29（5）：94-99.

[55] 朱一青. 城市智慧配送体系研究 [M]. 北京：中国时代经济出版社，2019.

［56］朱耿. 基于物联网技术的末端配送模式研究［M］. 北京：中国时代经济出版社有限公司，2020.

［57］王正兴. 载体媒介通道——谈情报交流理论中的几个基本概念［J］. 情报杂志，1987（3）：52-54.

［58］孙学琴. 物流载体——高速公路绿化评价指标体系研究［J］. 中国市场，2007（41）：90-91.

［59］刘桂艳. 家电产品物流配送载体选择评价指标的定量化分析［J］. 物流工程与管理，2009，31（3）：75-76.

［60］陈鸿艳. 如何建设物流业载体和主体［J］. 北方经贸，2009（12）：66-68.

［61］汪鸣. 国家物流枢纽高质量建设与发展探讨［J］. 大陆桥视野，2019（9）：57-60.

［62］贺登才. 布局国家物流枢纽建设网络运行体系——对《国家物流枢纽布局和建设规划》的理解［J］. 中国物流与采购，2019（1）：10-11.

［63］朱占峰. 物流企业管理［M］. 武汉：武汉理工大学出版社，2007.

［64］叶端宜，陈宗洵，郑道钦，等. 福建省科技规划重点行业、优先领域遴选方法研究［J］. 福建师范大学学报（自然科学版），1987（1）：3-12.

［65］宋云婷，于安琪，吴迪，等. 出口海陆仓融资决策多目标优化模型与算法［J］. 运筹与管理，2021，30（11）：14-18.

［66］李建斌，杨帆，管梦城，等. 共同配送模式下订单车辆匹配决策优化研究［J］. 管理工程学报，2021，35（6）：259-266.

［67］叶飞，陈玮. 基于层次分析法的青年编委遴选方法［J］. 中国科技期刊研究，2020，31（5）：530-534.

［68］齐岳，赵晨辉，王治皓. 五位一体总布局之综合评价指标体系和多目标决策建模研究［C］//第十四届中国软科学学术年会论文集，2018：313-327，399.

［69］高琢玉. 基于多目标决策的专家遴选算法的研究［D］. 长沙：中南大学，2011.

［70］戴文渊. 基于 W-SENCE-PSR 框架的河西内陆河流域水生态安全

评价研究［D］. 甘肃：甘肃农业大学，2021.

　　［71］朱占峰. 城市物流配送体系研究——基于宁波全域都市化背景［M］. 武汉：武汉大学出版社，2014.

　　［72］刘勇凤，李弢，Richard Gluck，Tan Runzhong. 美国货运物流管理体制及政策研究［J］. 运输经理世界，2020（2）：94-97.

　　［73］林坦. 欧美国家推进物流大通道建设的经验和借鉴［J］. 综合运输，2015，37（4）：64-67，74.

　　［74］陈旭梅，于雷，郭继孚，等. 美、欧、日智能交通系统（ITS）发展分析及启示［J］. 城市规划，2004，28（7）：75-79，84.

　　［75］张琛. 近年来欧盟城市物流发展经验与启示［J］. 中国物流与采购，2015（12）：72-73.

　　［76］戴东生. 国外集装箱多式联运政策及经验借鉴［J］. 交通与港航，2018，5（6）：27-30.

　　［77］魏然，李慧，王乔博. 典型发达国家陆空冷链物流标准建设分析与经验借鉴［J］. 物流技术，2020，39（10）：1-5，22.

　　［78］RAIMBAULT N. From regional planning to port regionalization and urban logistics. The inland port and the governance of logistics development in the Paris region［J］. Journal of Transport Geography，2019，78（6）：205-213.

　　［79］NEBOT N，ROSA-JIMéNEZ，CARLOS，et al. Challenges for the future of ports. What can be learnt from the Spanish Mediterranean ports?［J］. Ocean & Coastal Management，2017，137：165-174.

　　［80］OUM T H，YU C. Economic efficiency of railways and implications for public policy［J］. Journal of Transport Economics & Policy，1994，28（2）：121-138.

　　［81］SUN Y，LANG M. Modeling the multicommodity multimodal routing problem with schedule-based services and carbon dioxide emission costs［J］. Mathematical Problems in Engineering，2015（24）：1-21.

　　［82］BHADRA D，HOGAN B. A preliminary analysis of the evolution of US air transportation network［C］//AIAA ATIO & Lighter-Than-Air Sys Tech. &

Balloon Systems Conferences, 2005.

[83] PAULK M C, CURTIS B. Capability maturity model, version 1.1 [J]. IEEE Software, 1993, 10 (4): 18-27.

[84] COOPERLEON. Heuristic methods for location-allocation problems [J]. SIAM Review, 1964 (6): 37-53.

[85] HENDRY D F. Numerical optimization of computer models [J]. Discrete Applied Mathematics, 1982, 4 (4): 340-341.

附录 调查问卷

问卷编号_____

物流强国建设绩效衡量标准调查问卷

尊敬的女士/先生：

您好！

为深入推进物流强国体系建设，深化物流强国建设绩效衡量标准的研究，结合课题研究，现对公众进行相关数据的调查。请您在百忙中填写本问卷，您的意见建议对本研究非常重要，我们会对您所提供的信息予以保密。

感谢您对调查工作的支持与配合！

"物流强国"建设思路与路径选择研究课题组

二〇二×年×月

基本情况调查

请在相应的答案上打"√"。

您的性别：A. 男；B. 女

您的婚姻状态：A. 已婚；B. 未婚

您的学历：A. 初中及以下；B. 高中或中专；C. 大学；D. 硕士研究生及以上

您的年龄：A. 16~30岁；B. 31~45岁；C. 46~60岁；D. 61岁及以上

您所在的区域：A. 城市核心区；B. 城市核心毗邻区；C. 城市郊区；D. 乡村区域

您的身份状态：A. 在校学生；B. 社会居民；C. 企事业员工；D. 公务人员

您所在的行业：A. 物流服务业；B. 其他服务业；C. 制造加工业；D. 建筑业；E. 其他

您所在的部门：A. 生产；B. 管理；C. 营销；D. 研发；E. 其他

您的职位类别：A. 经营管理者；B. 干部；C. 工人；D. 其他

您对城市配送的了解程度：A. 非常了解；B. 比较了解；C. 不了解；
D. 其他

第一部分　法治匡正力支撑度

A_1依法建设的影响程度	非常不重要	不重要	一般	重要	非常重要
A_2依法运营的影响程度	非常不重要	不重要	一般	重要	非常重要
A_3依法治理的影响程度	非常不重要	不重要	一般	重要	非常重要

第二部分　政策调控力支撑度

B_1明确指导思想的重要性	非常不重要	不重要	一般	重要	非常重要
B_2厘定发展目标的重要性	非常不重要	不重要	一般	重要	非常重要
B_3明晰发展维度的重要性	非常不重要	不重要	一般	重要	非常重要

第三部分　规章助推力支撑度

C_1细化发展任务的重要程度	非常不重要	不重要	一般	重要	非常重要
C_2制定实施路径的重要程度	非常不重要	不重要	一般	重要	非常重要
C_3明确发展措施的重要程度	非常不重要	不重要	一般	重要	非常重要
C_4落实实施保障的重要程度	非常不重要	不重要	一般	重要	非常重要

第四部分　物流平台、企业等载体的硬件建设及投入产出状况

D_1节点基础设施投入的影响程度	非常不重要	不重要	一般	重要	非常重要
D_2企业物流设备投入的影响程度	非常不重要	不重要	一般	重要	非常重要
D_3物流网络建设投入的影响程度	非常不重要	不重要	一般	重要	非常重要

第五部分　物流平台、企业等载体的软件建设及投入产出状况

E_1物流人员培训投入的影响程度	非常不重要	不重要	一般	重要	非常重要
E_2物流信息挖掘投入的影响程度	非常不重要	不重要	一般	重要	非常重要
E_3物流标准建设投入的影响程度	非常不重要	不重要	一般	重要	非常重要

第六部分　社会分工细化度

F_1非核心业务的外包的影响度	非常不重要	不重要	一般	重要	非常重要
F_2第三方物流的强化的影响度	非常不重要	不重要	一般	重要	非常重要
F_3专业物流的降本增效的影响度	非常不重要	不重要	一般	重要	非常重要

第七部分　社会文化引领度

G_1倡导多式联运的影响程度	非常不重要	不重要	一般	重要	非常重要
G_2提倡共同配送的影响程度	非常不重要	不重要	一般	重要	非常重要
G_3做强供应链体系的影响程度	非常不重要	不重要	一般	重要	非常重要

第八部分 社会设施完善度

I_1物流信息共享的影响程度	非常不重要	不重要	一般	重要	非常重要
I_2交通设施通达的影响程度	非常不重要	不重要	一般	重要	非常重要
I_3自助终端普及的影响程度	非常不重要	不重要	一般	重要	非常重要

后　记

　　本书是 2021 年中国物流学会、中国物流与采购联合会研究课题计划重大研究课题（2021CSLKT1-001）的最终研究成果。

　　我国对现代物流概念的认知和发展是与国家改革开放战略同步推进的，从 1978 年引进物流的概念，1982 年确立交通运输为改革开放后的战略重点，2009 年将物流业确立为十大产业振兴规划行列，2014 年物流中长期发展规划颁布实施，到"十四五"物流业基础性、战略性、先导性和创新引领性地位的逐步强化，四十多年时间物流业从小到大，从大到强，取得了令人瞩目的成绩，物流强国的"四梁八柱"逐步显现，举国上下对物流强国建设的热情日益高涨，项目的规模迅速扩大。随着建设实践全面铺开，更需要前沿理论的指引，本书正是在这种背景下扎根探索、数据挖掘，直至成稿付梓。

　　本成果从课题立项到开题答辩、从过程研讨到中期检查、从成果结项到完善出版，得到了物流界众多领导、专家和同人的关心、帮助和协作，令作者倍加感动、铭记在心。首先，感谢中国物流学会、中国物流与采购联合会的领导，是他们的垂爱，课题组才获得了这次机会。尤其要感谢贺登才副会长及学会部的各位领导，课题的选题、立项、研讨和评价包含着他们的大量心血和汗水，在成果出版之际，贺会长更是在百忙中抽出时间，亲自为本书作序。感谢中国物流学会的兼职副会长刘建堂局长、王波社长、宫之光总经理、毕国海会长，以及北京电子科技职业学院张彤教授，在课题开题答辩会上提出了诸多建设性建议，使本成果增色有加。感谢恽绵总监、杨长春教授、韩东亚院长、卢立新董事长等专家在结题评审过程中给出的评价指导，使本成果进一步完善。感谢中国财富出版社有限公司郑欣怡主任，本成果的顺利出版过程凝聚了她的诸多辛勤付出。

　　本成果在立项和研究期间，得到了宁波工程学院、浙江万里学院、南昌职业大学相关科研管理部门领导和专家的帮助，尤其是宁波工程学院经管学院副院长唐连生教授、科研管理处副处长傅海威教授对项目的申报、开题答辩、过程研讨和结题汇报等环节进行了协同努力，南昌职业大学科研处副处长潘成副教授在后期给予了鼎力支持，在此表示衷心感谢。

本书由中国物流学会兼职副会长、物流与供应链管理方向博士、区域规划领域博士后、二级教授、博士生导师朱占峰高级物流师负责总体策划、项目申报、大纲拟定和全书统纂，并撰写了第 1 章、第 2 章、第 3 章和第 9 章；宁波工程学院副研究员、中国物流学会会员朱耿博士撰写了第 5 章、第 6 章和第 7 章；浙江万里学院副教授、中国物流学会会员朱一青博士撰写了第 4 章和第 8 章。

本书的出版，得到了南昌职业大学、宁波工程学院和浙江省至善产教融合发展研究院的大力支持。在本成果前期，宁波工程学院郭跃教授、王波教授、闫森副教授、郭春荣副教授、呼格吉勒副教授、葛雪博士等提供了诸多资料，南昌职业大学肖炜华教授、饶阳春副教授、潘成副教授、孙美娇副教授、王小晖副教授、王铮老师、喻正义老师、胡泽胜老师、潘敬超老师参加了部分研讨；研究生胡夏萌、韩丽娜、吴邦安等帮助查阅和汇总了相关研究资料。本书编写过程中还参阅了大量文献资料，在此一并表示感谢。

由于编著时间紧，加之作者水平有限，难免出现一些错误或遗漏，恳请诸位热心的读者和专家批评指正，以使本书再版时能进一步完善。凡是给出有价值的意见和建议的读者和专家，无论再版时采纳与否，我们都会按所附的地址寄送新书，以示感谢！

朱占峰

2023 年 10 月

中国物流专家专著系列